人生若知足，凡事都幸福！

葉楓 編著

只為自己打算的人並不幸福，

幸福的人是那些也為別人的事情打算的人

前言

有一個人名叫魯弗斯，他窮得連床也沒有。他躺在一條長凳上自言自語地說：「我真想發財呀，如果我發了財，絕不做吝嗇鬼……」

這時候，在魯弗斯旁出現了一個魔鬼。魔鬼說道：「好，我就讓你發財吧，我會給你一個有魔力的錢袋。」

魔鬼又說：「這錢袋裡有一塊金幣，是永遠拿不完的。但是你要注意，在你覺得夠了的時候，就要把錢袋扔掉，才可以開始花錢。」說完，魔鬼就不見了。

魯弗斯發現身邊真的有一個錢袋，裡面裝著一塊金幣。他把金幣拿出來，裡面又出現了一塊。於是，魯弗斯不斷地往外拿金幣。他一直拿了整整一個晚上，金幣已有一大堆了。

魯弗斯想：這些錢夠我用一輩子了。

到了第二天，魯弗斯餓了，很想去買麵包吃。但是在他花錢以前必須扔掉那個錢袋，於是便拎著錢袋往河邊走去，但最後他捨不得扔，又回來了。

後來魯弗斯開始從錢袋裡拿錢。每次當他想把錢袋扔掉之前，總覺得還不夠多。

魯弗斯可以去買吃的、房子、最豪華的車子。可是，他對自己說：「還是等錢再多一些吧！」

魯弗斯不吃不喝地拿，金幣已經快堆滿屋子了。同時，他也變得又瘦又弱，臉色像蠟一樣黃。

他說：「我不能把錢袋扔掉，金幣還在源源不斷地變出來啊！」

日子一天天過去了，最後魯弗斯死在他的長凳上。

對於貪婪的人來說，永遠沒有滿足的時候，而危險就在於，它會蒙蔽我們的眼睛，使我們眼中看不見友誼、愛情、親情，甚至生命。

世上沒有永遠的幸福及痛苦。在快樂中我們要感謝生活，在痛苦中我們也要感謝生活，因為生活原本就是美麗的，生活的藝術就是學會在失去一切的情況下能夠做到容納一切的本領。生活本身既不是禍，也不是福，它是禍福的容器，就看我們把它變成什麼。

如果我們僅僅想獲得幸福，那很容易實現。但，我們希望比別人更幸福，就會很難實現，因為我們對於別人幸福的想像總是超過實際情形。而懂得知足，就能懂得享受現在所擁有的幸福。

Chapter 1 淡泊者，快樂者

contents

Chapter 2 心情決定事情

contents

人生若知足，
凡事都幸福！

Chapter 1

淡泊者，快樂者

減少自己的慾望

海關工作人員破獲了一起巨額走私案。但在混亂中，一名走私客帶著巨額走私品逃掉了，警方下令追捕這名逃犯。

走私客心想，這批巨額走私品帶著走太不方便了，放在哪裡好呢？他忽然想到警察一定不會想到去搜查教堂，於是他就帶著所有的走私品，躲到了一家教堂裡，並且請求教堂裡的老牧師，讓他把走私品藏在教堂的閣樓裡。

這位虔誠的老牧師斷然拒絕了走私客的請求，要求此人馬上離開，否則他就要報警了。

「我給你一筆錢來報答你的善行，你看二十萬元怎麼樣？」走私客請求道。

老牧師堅定地說：「這是不可能的事。」

「那麼五十萬元呢？」

走私客一再請求。老牧師依舊拒絕。

「一百萬元怎麼樣？」走私客仍然不死心地問。

老牧師忽然大發雷霆，用力將走私客推到外面去：「你離我遠一點，快給我滾。

你開的價錢，已經快接近我心目中的數目了。」

☺心靈絮語

貪欲往往會使人突破自己的道德防線，而做出不該做的事，當你受到金錢的誘惑時最好靜下心來，平息自己的慾望，用道德力量抵禦誘惑的力量。「無欲則剛」。

世界上最純潔的靈魂

一天，一位盲人帶著他的導盲犬過街時，一輛大卡車失去控制，直衝了過來，盲人當場被撞死，他的導盲犬為了守衛主人，也一起慘死在車輪底下。

主人和狗一起到了天堂門前。

一位天使攔住他倆，為難的說：「對不起，現在天堂只剩下一個名額，你們兩個之中必須有一個去地獄。」

主人一聽，連忙問：「我的狗又不知道什麼是天堂，什麼是地獄，能不能讓我來決定誰去天堂呢？」

天使鄙視的看了這個主人一眼，皺起了眉頭，他想了想，說：「很抱歉，先生，每一個靈魂都是平等的，你們要透過比賽決定由誰上天堂。」

主人失望的問：「哦，什麼比賽呢？」

天使說：「這個比賽很簡單，就是賽跑，從這裡跑到天堂的大門，誰先到達目的地，誰就可以上天堂。不過，你也別擔心，因為你已經死了，所以不再是瞎子，而且靈魂的速度跟肉體無關，越單純善良的速度越快。」主人想了想，同意了。

天使讓主人和狗準備好，就宣佈賽跑開始。天使以為主人為了進天堂，會拼命往前跑，誰知道主人一點也不忙，慢吞吞的往前走著。

更令天使吃驚的是，那條導盲犬也沒有奔跑，它配合著主人的步調在旁邊慢慢跟著，一步都不肯離開主人。天使恍然大悟：原來，多年來這條導盲犬已經養成了習慣，永遠跟著主人行動，在主人的前方守護著他。可惡的主人，正是利用了這一點，才胸有成竹，穩操勝券，他只要在天堂門口叫他的狗停下，就能輕輕鬆鬆贏得比賽。

天使看著這條忠心耿耿的狗，心裡很難過，他大聲對狗說：「你已經為主人獻出了生命，現在，你這個主人不再是瞎子，你也不用領著他走路了，你快跑進天堂吧！」

可是，無論是主人還是他的狗，都像是沒有聽到天使的話一樣，仍然慢吞吞的往前走，好像在街上散步似的。

果然，離終點還有幾步的時候，主人發出一聲口令，狗聽話的坐下了，天使用鄙視的眼神看著主人。

這時，主人笑了，他轉過頭對天使說：「我終於把我的狗送到天堂了，我最擔心的就是牠根本不想上天堂，只想跟我在一起……所以，我才想幫牠決定，請你好好照顧牠。」

天使愣住了。

主人留戀的看著自己的狗，又說：「能夠用比賽的方式決定真是太好了，只要我再讓牠往前走幾步，牠就可以上天堂了。不過牠陪伴了我那麼多年，這是我第一次可以用自己的眼睛看著牠，所以我忍不住想要慢慢的走，多看牠一會兒。如果可以話，我真希望永遠看著牠走下去。不過天堂到了，那才是牠該去的地方，請你照顧好牠。」

說完這些話，主人向狗發出了前進的命令，就在狗到達終點的一剎那，主人像一片羽毛似的落向了地獄的方向。

他的狗見了，急忙掉轉頭，追著主人狂奔。滿心懊悔的天使張開翅膀追過去，想要抓住導盲犬，不過那是世界上最純潔善良的靈魂，速度遠比天堂所有的天使都快。所以，導盲犬又跟主人在一起了，即使是在地獄，導盲犬也永遠守護著牠的主人。

天使久久的站在那裡，喃喃說道：「我一開始就錯了，這兩個靈魂是一體的，他們不能分開……」

Chapter 1
淡泊者，快樂者

☺心靈絮語

對於一個正直高尚的人來說，追求的不是個人的利益，而是忠誠的對待自己的朋友；在危急關頭，他們總是肯於捨己為人的。

你就是你

有一個王子，長得十分英俊，但他卻是一個駝子，他請了許多名醫來醫治自己的病，也沒有治好。這讓王子感到非常自卑，所以不願出現在大眾面前。國王見到這種情況非常著急，專程去請教國中的一個智者，智者幫他出了一個主意。

回來後，國王請了全國的雕刻家，刻了一座王子的雕像。刻出的雕像沒有駝背，後背挺得筆直，臉上充滿了自信，讓人一見就覺得風采照人。國王將此雕像豎立於王子的宮前。

當王子看到這座雕像時，他心中像被大鎚撞擊了一下，心裡產生一種強烈的震撼，竟流下淚來，國王對他說：「只要你願意，你就是這個樣子。」

後來王子時時注意著要挺直後背，幾個月後，見到的人都說：「王子的駝背比以前好多了。」

王子聽到這些話，更有信心，以後更注意時時保持後背的挺直。

有一天，奇蹟出現了，當王子站立時，他的後背是筆直的，與雕像一模一樣。

☺ **心靈絮語**

給自己制定一個目標，告訴自己：我就應該是這樣的。堅持、再堅持，不要因一時的挫折而改變，不要因外界的干擾而猶豫，你會發現，你就是你要成為的那個人。

耐得住貧窮

永秀法師是個醉心吹笛的風雅人物。他只要有空閒時間就不停地吹笛子，雖然生活十分貧困，可是他從不向人乞求幫助。

永秀有一個很富有的朋友叫賴清。賴清知道永秀的貧困後，深覺可憐，派人傳話說：「為什麼不對我說呢？遭到如此困境，我想誰都會幫助的。」

永秀聽了，對傳話的人說：「這真叫人感到惶恐，有件事以前一直就想開口，但心裡忌憚，不敢冒昧地提出請求。既然賴清這樣說，我馬上就去當面稟告。」

賴清聽了回報後，心想他說得這麼鄭重，不會是提出什麼過分的要求？那就討厭了。

日落時分，永秀來拜訪，賴清趕緊請他進來，問起他的來意。

永秀的回答讓他吃了一驚：「你在築紫有大片領地，生長在那裡的漢竹是做笛子的絕好材料，我能不能請你送我一枝漢竹，我好用它做一支笛子？」

賴清答應了，並問是否需要生活上的幫助。

永秀回答道：「太感謝了，但朝夕事物，我會自行解決。」

就這樣，永秀技藝日益精湛，成為一代吹笛名手。

☺ **心靈絮語**

在貧窮中堅持自己的理想，努力地奮鬥，是脫離貧窮（包括物質和精神）的唯一方法。這一過程最能造就人才。一個人一直依賴他人，不須考慮為自己的麵包而奮鬥的人，他的發展前景是會受限制的。

訴苦的孔雀

孔雀因為大家都愛聽黃鸝唱歌，為自己的歌聲只會招致嘲笑而苦惱，就向上帝訴苦。

上帝對牠說：「我的孩子，別忘了，你的頂頸間有著如翡翠般熠熠生輝的羽毛，你的尾巴上有華麗的尾翼，所以你是很出色的，不要心存嫉妒。」

孔雀仍不滿足：「可是在唱歌這一項上有人超過了我，像我這樣唱，跟啞巴有什麼區別？」

上帝回答道：「命運之神已經公正地分給你們每樣東西：你擁有美麗，老鷹擁有力量，黃鸝能夠唱歌，喜鵲可以報喜，牠們都很滿意我對牠們的賜予。」

得到上帝的答覆，孔雀終於滿意了，張開翅膀飛下天來。

自此以後，當牠想在人們面前展示自己的時候，就會亮出自己漂亮的羽毛。如果上帝沒有及時為孔雀打開心結，恐怕孔雀仍然會為黃鸝的歌喉比自己動聽而悶悶不樂，而忽略了自己的美麗其實也是黃鸝所羨慕的。

心靈絮語

有些想不開的人，在煩惱襲來時，總覺得自己是天底下最不幸的人，誰都比自己強。其實，事情並不完全是這樣，也許你在某方面是不幸的，在其他方面依然是很幸運的。

誘惑

農場主人湯普森的小店裡有很多寄宿的人。蘇珊的媽媽每星期都為他們代洗衣物，報酬僅五美元。

一個週六的晚上，蘇珊像往常一樣去那裡替媽媽領錢，她在馬廄裡遇到了這位農場主人。

顯然他正處於氣頭上。那些總和他討價還價的馬販激怒了他，令他火冒三丈。他手裡的錢包打開了，被鈔票塞得鼓鼓的。當蘇珊向他要錢時，他沒有像從前那樣訓斥她打擾了正在忙碌的他，而是馬上將一張鈔票遞給了她。

蘇珊暗暗高興自己這次比往常輕易的逃過了這一關，她急忙走出馬廄。到了路上，她停下來，拿針將錢小心翼翼的別在圍巾的皺褶裡。

這時，她看到湯普森給了她兩張鈔票，而不是一張！她往四周望了望，發現附近沒有人看到她。她的第一反應，是為得到了這筆飛來的橫財而興奮不已。

「這全是我的了。」她心想，「我要買一件新的斗篷送給媽媽，媽媽就能把她那件舊的給瑪麗姐姐了。這樣，明年冬天瑪麗就能與我一塊兒去上學了，說不定還可以給弟弟湯姆買雙新鞋呢。」

過了一會兒，她又認為這筆錢一定是湯普森在給她時拿錯了，她沒有權利使用它。正當這樣想時，一個充滿誘惑的聲音說：「這是他給妳的，妳又怎麼知道他不是想要把它作為禮物送給妳呢？拿去吧，他絕對不會知道的。就算是他弄錯了，他那大錢包裡有那麼多張五元鈔票，他也絕不會注意到的。」

她一邊往家的方向走，心裡一邊進行著激烈的抗爭。她一路上都在思考著是拿這筆錢來享受重要呢，還是誠實重要。

當她經過家門前那座小橋時，她想到了媽媽平時的教誨：「妳想要人家怎樣對妳，妳就得怎樣對人。」

蘇珊突然轉過身，往回跑去。

她跑得很快，快得讓她差點連氣都喘不過來了，彷彿是在逃離什麼無形的危險。就這樣，她一直跑回了農場主人湯普森的店門口。

湯普森注視著眼前這個小女孩，他從口袋裡取出一先令遞給了蘇珊。

「不，謝謝你，先生。」蘇珊說，「我不能僅僅因為做了件正確的事就得到報酬。我唯一希望的是，你不要把我看成是一個不誠實的人，因為那對我來說的確是個巨大的誘惑。先生，如果你曾看到過自己最愛的人連平常的生活用品都買不起的話，你就能知道，要時刻做到對待別人就像希望別人如何對待自己一樣，這對我來說是多麼的困難。」

☺心靈絮語

倘若你想人家怎樣待你，你就應以那樣的方式對待人家。它首先意味著要摒棄任何私心和貪念，努力抵制住各種可能給別人帶來損失的誘惑，多站在別人的角度上考慮問題。

播撒善的種子

在一處荒蕪的山腳下，一群孩子正在玩耍，他們忽然看見一位行動遲緩並鬚髮皆白的老人走過來，那位老人背上背著一個沉重的包裹，手裡拿著一個小剷子，彎下身用小剷子吃力地挖了一個坑，然後從包裹裡拿出一個小東西埋入坑中，培上土，然後又去挖另一個坑。

孩子們都圍了上來，好奇地問：「老爺爺，您在做什麼呢？」

這位老人對孩子們說：「我正在種樹種。我已經在這附近的荒山上種了一萬多顆種子，可能在其中只有十分之一的會發芽，能夠長成大樹的可能只有百分之一，我是看不到它們長大成材了，但我仍然希望在晚年做一些有用的事。」

二十多年後，這群孩子們都已長大成人，當他們再次相聚在那塊山腳下時，他們驚訝地發現，荒山不見，取而代之的是一片樹木參天的森林。

他們又回想起那位老人拿著把小剷子慢慢地挖坑種樹的情景。現在他的付出終於有了回報，這一大片賞心悅目的綠色樹木會造福多少人哪！

心靈絮語

你曾經默默地付出過嗎？你曾為得不到回報而苦惱嗎？不要放棄，你植下善的種子，總有一天會發芽成長，縱然你見不到它長成參天大樹，那又何妨！在付出的過程，你會感覺到心靈的安樂和靈魂的愉悅！

不要放棄，你植下善的種子，總有一天會發芽成長。

活著的感覺

一位得知自己不久於人世的老先生，在日記簿上記下了這段文字：「如果我可以從頭活一次，我要嘗試更多的錯誤，我不會再事事追求完美。我情願多休息，隨遇而安，處事糊塗一點，不對將要發生的事處心積慮計算著。其實人世間有什麼事情需要斤斤計較呢？」

「可以的話，我會多去旅行，跋山涉水，更危險的地方也不怕去一去。以前我不敢吃霜淇淋，不敢吃豆，是怕健康有問題，此刻我是多麼的後悔。過去的日子，我實在活得太小心，每一分每一秒都不容有失，太過清醒明白，太過合情合理。」

「如果一切可以重新開始，我會什麼也不準備就上街，甚至連紙巾也不帶一塊，我會放縱地享受每一分、每一秒。如果可以重來，我會赤足走出戶外，甚至竟夜不眠，用這個身體好好地感覺世界的美麗與和諧。還有，我會去遊樂場多玩幾圈木馬，多看幾次日出，和公園裏的小朋友玩耍。只要人生可以從頭開始，但我知道，不可能了。」

心靈絮語

人生真的不可以再來一次，以有限追求無限，請珍惜活著的感覺！

正直的力量

一八九四年，法國軍隊內部發生了一起嚴重的洩密事件，同年，法國的陸軍上尉，猶太人德雷福斯被法國軍事法庭以洩密罪判處終身流放，當時這個案件就有疑點。

而一八九六年，有關情報機關查出一名德國間諜與此案有涉，得出了德雷福斯無罪的結論。

但是，戰爭部和軍事法庭為了掩蓋他們的愚蠢，不但無意糾錯，而且極力掩蓋事實真相，將該情報機關的負責人調離，公然判處真正洩密的德國間諜無罪。

消息傳出，輿論譁然。

著名作家左拉挺身而出，接連發表《告青年書》、《告法國書》直至總統的公開信，即有名的《我控訴》，嚴厲控訴了軍方與政府的專制與腐敗，號召人們維護德雷福斯的權利、名譽和尊嚴，由此引發了整個法國爭取社會公正的運動。

軍方以「誣陷罪」起訴左拉，接著判處左拉一年徒刑和三千法郎的罰金。左拉被迫流亡英國，一年之後返回法國，繼續與軍方鬥爭。直到一九〇六年，即左拉逝世四年後，蒙冤長達十二年的德雷福斯才獲正式昭雪。

☺心靈絮語

我們無法具有所有的美德，但應該能做到善良與正直。

對社會的不公正現象也許我們無力反對，但我們可以做到不參與，這也許不會讓我們變得高尚，卻可以使我們得到靈魂的安寧。

一把破舊的小提琴

曾經有過一場被視為破爛拍賣會的拍賣。拍賣商走到一把小提琴旁，一把看起來非常舊、非常破、樣子磨損得非常嚴重的小提琴。拍賣商拿起小提琴，撥了一下琴弦，結果發出的聲音走調了，難聽得要命。

他看著這把又舊又髒的小提琴，皺著眉頭，毫無熱情地開始出價，十美元，沒人接手。他把價格降到五元，人們還是沒有反應。

他繼續降價，一直降到五毛錢。

他說：「五毛錢，只要五毛錢。我知道它值不了多少錢，可是現在只要花五毛錢就能把它帶走！」

就在這時，一位頭髮花白、留著長長白鬍子的老頭走到前來，問他能否看看這把琴。他拿出手絹，把灰塵和髒痕從琴上擦去。他慢慢撥動著琴弦，一絲不苟地給每一根弦調音。然後他把這只破舊的小提琴放到下巴上，開始演奏。

從這把琴上奏出的音樂，是現場許多人聽過的最美的音樂。美妙的樂曲和旋律從這把破舊的小提琴上傳了出來。

拍賣商又問起價是多少。

一個人說一百元，另一個人說兩百元，然後價格就一直上升，直到最後以一千元成交。

☺ **心靈絮語**

一把破舊的小提琴，只要調準了音，能夠彈出優美的樂曲，就有價值；一個人也像一把小提琴，你的心態好比琴弦，調整好了心態，才能充分發揮你的潛能。

高尚的行爲

那是一九五七年的一天，作曲家約翰尼・默瑟接到一封很奇怪的信，寫信人在信中向他建議寫一首歌，歌名就叫做《當你心醉時，我願在你身旁拾撿那些碎片》，默瑟認為這是個十分好的歌名，他仔細看了看信，寫信的人是一個名叫薩迪・維姆斯蒂的孀居老奶奶，在俄亥俄州揚斯敦城以賣化妝品為生。默瑟將她的信保存了下來。

五年之後，默瑟終於創作出一首歌，他決定按維姆斯蒂老奶奶的建議給歌取名。於是他按那封信上的地址和她取得了聯繫，告訴她，那首歌已經寫好了，並將由托尼・貝內特錄製。

今天，在每張《我願在你身旁》唱片的標籤上，你都會看到，詞曲的創作由約翰尼，默瑟和薩迪・維姆斯蒂共同分享。版稅也是由兩人五五分成，維姆絲蒂和她的繼承人因此獲利十多萬美元。

心靈絮語

錦上添花任何人都能做，這也不足為奇，但若是能做到雪中送炭則應是很高尚的行為了，作曲家約翰尼用自己的行動給我們做出了最好的詮釋，有了它，這個世界變得多麼令人嚮往。

無私是永恆的美德

謝伍德．安德森是二十世紀初美國著名的作家，他曾寫下了廣受讚譽的小說《俄亥俄州瓦思堡鎮》，影響了許多年輕人。

一九一九年，一位曾經在戰爭時受過傷的年輕人搬到了芝加哥，住在安德森家附近。他經常和安德森一起散步，和安德森一些談文學，人生以及寫作技巧等方面問題，安德森的為人處世之道比他的作品更深地影響了他。

後來，當安德森到新奧爾良時，一個同樣受安德森作品影響的年輕人慕名前來向他求教，安德森同樣毫無保留地幫助他，還把他介紹給出版商，幫他出版了他的第一部小說。

許多年過去了，安德森從未拒絕過任何一個向他求教的年輕人，許多人不明白安德森為什麼這麼慷慨，願意把人生最寶貴的東西——時間和寫作技巧傳給年輕人。安德森說他也曾受教於另一偉大的前輩作家德萊塞。

前面提到過的第一位年輕人在一九二六年發表了《太陽照樣升起》，為他贏得了廣泛的讚譽，他的名字叫海明威。

第二個年輕人叫福克納，幾年後寫出了享譽全美的傑作《喧囂與憤怒》。

☺ **心靈絮語**

鼓勵後進是每一個成功的長者應該做的事情，經由壓抑而維護自己現有的地位的做法是無知而愚蠢的；安德森已用親身做法給別人做出了榜樣。唯有如此才能贏得別人的真正尊敬。

盡自己的力量

一位年輕的牧師宣誓之後，帶著對上帝的虔誠，以救助那些處於災難中的人為目的到了非洲的一個國家。

儘管他對非洲的貧困落後做了心理準備，但現實情況依然大出他的意外，那裡缺乏食物，缺少必要的藥品器材。他感到他一個人真是太渺小，能做什麼呢？

一天，他又信步走到街上，看見一群流浪兒童，個個因為長期飢餓而骨瘦如柴，瞪著一雙飢渴的眼睛祈求地望著行人，有人扔了一塊麵包給他們，他們立刻一窩蜂地搶做一團，得到一塊就立刻塞到嘴裡，生怕被別人再搶走。

這位年輕的牧師看到這一切，沮喪到了極點，他對上帝的信仰產生了動搖。他責怪上帝：「上帝啊，您怎麼會允許這麼多困苦的事情存在呢？您為什麼不採取措施救救他們呢？」

接著，他嚇了一大跳，因為他清清楚楚地從他心裡聽到一個聲音說：「我已經採取措施，我創造了你。」他知道那是上帝的聲音。

☺ **心靈絮語**

社會上存在著的孤立無助和人情冷淡等種種現象也許會引起你的嘆息和憤慨，但嘆息和憤慨對改變這些現象毫無用處。

儘管你的力量很小，但你切切實實做出的每一分努力，都會讓這世界增加一分美麗。

五十萬元的彩票

星期五的傍晚，一個貧窮的年輕藝人像往常一樣站在紐約地鐵站的門口，專心致志的拉著他的小提琴。琴聲優美動聽，雖然人們都急急忙忙的趕著回家過週末，還是有很多人情不自禁的放慢了腳步，不時會有一些人在年輕藝人面前的禮帽裡，放一些錢。

第二天黃昏，年輕的藝人又像往常一樣準時來到地鐵站門口，把他的禮帽摘下來很優雅的放在地上。和以往不同的是，他還從包裡拿出一張大紙，然後很認真的鋪在地上，四周用自備的小石塊壓上。做完這一切以後，他調試好小提琴，又開始了演奏，聲音似乎比以前更加悠揚動聽。

不久，年輕的小提琴手周圍站滿了人，人們都被鋪在地上的那張大紙上的字吸引了，有的人還踮起腳尖看。上面寫著：「昨天傍晚，有一位叫喬治·桑的先生錯將一份很重要的東西放在了我的禮帽裡，請您速來認領。」

人們看了之後議論紛紛，都想知道是一份什麼樣的東西，有的人甚至還等在一邊想看個究竟。

過了半小時左右，一位中年男人急急忙忙跑過來，撥開人群就衝到小提琴手面前，抓住他的肩膀語無倫次的說：「啊！是您呀，您真的來了，我就知道您是個誠實的人，您一定會來的。」

年輕的小提琴手冷靜的問：「您是喬治先生嗎？」

那人連忙點頭。

小提琴手又問：「您遺落了什麼東西嗎？」

那個先生說：「彩票，彩票。」

小提琴手於是就從懷裡掏出一張彩票，上面還醒目的寫著喬治，小提琴手舉著彩票問：「是這個嗎？」

喬治迅速的點點頭，搶過彩票吻了一下，然後又抱著小提琴手在地上瘋狂的轉了兩圈。

原來事情是這樣的，喬治．桑是一家公司的小職員，他前些日子買了一張彩票，昨天上午開獎，他中了五十萬美元的獎金。下午，他心情很好，覺得音樂也特別美妙，於是就從錢包裡掏出五十美元，放在了禮帽裡，可是卻不小心把彩票也一起扔了進去。

小提琴手是一名藝術學院的學生，本來打算去維也納進修，已經訂好了機票，時間就在今天上午，可是他昨天整理東西時發現了這張價值五十萬美元的彩票，想到失主會來找，於是今天就退掉了機票，又準時來到了這裡。

後來，有人問小提琴手：「你當時那麼需要一筆學費，為了賺夠這筆學費，你不得不每天到地鐵站拉提琴。那你為什麼不把那五十萬元的彩票留下呢？」

小提琴手說：「雖然我沒錢，但我活得很快樂；假如我沒了誠信，我一天也不會快樂。」

☺心靈絮語

一位著名學者說：「只為自己打算的人並不幸福，幸福的人是那些也為別人的事情打算的人。」一個人有了骨氣，不搶佔那些不屬於自己的東西，就等於有了一大筆財富，在生活中就會感到非常輕鬆和自由。

枯葉

一片枯樹葉隨風飄去，它正好在空中同一隻鳥並排飛著。

「你看，」樹葉沙沙沙地飛舞著，興奮地朝鳥喊道，「我能像你一樣地飛啦！」

「要是你真能飛的話，就請照我的樣子做。」鳥說著，突然轉過身子，展開強壯的翅膀，迎風飛去。樹葉馬上暈頭轉向地旋轉起來了，等到支持著它的風一停，它就落到一條清澈見底的小河裡。現在，樹葉又在水面上航行了，它得意地對河裡的魚說：「你們看，我也能和你們一樣游泳了。」那些沉默寡言的魚，根本沒有理它。

這時，樹葉又趾高氣揚，自以為了不起啦，它認為：「這些魚都是沒有感覺的生物，牠們是不會嫉妒別人的。」樹葉繼續往下滑行，卻沒有注意到自己是怎樣漸漸沉沒的，又是怎樣全部腐爛了。

☺ **心靈絮語**

在生活中要正確認識自己的能力，既不妄自菲薄，也不要狂妄自大。即使偶爾得勢，也不要趾高氣揚，目中無人。

把輕視與嘲笑作爲動力

伊安．吉格斯在十七歲那年，已經進入主力陣容並已代表曼聯踢了二十五場比賽。當時，曼聯足球俱樂部有很多球員都拿到了俱樂部配給的車，那種車很漂亮，也挺便宜。

吉格斯覺得自己也應當有資格有這麼一輛，於是他就去找老板，鼓起勇氣對老板說：「我現在已經進入主力陣容，而且踢得挺好，我想我也應該得到一部車。」老板說：「你想得到一部車？一部俱樂部的車？你的意思是一部自行車嗎？」

聽了老板的話，吉格斯差點氣暈了，但他沒有因老板的輕視而萌生去意，更沒有因此消極，而是憋著一口氣，把勁用在了比賽，他要用自己的實力證明他的價值絕不只配得到一輛自行車。

因此在一九九一年曼聯同埃弗頓和曼聯同曼城的比賽中，吉格斯用盡全力，發揮了他的水準，全場球迷們大呼：「喬治．貝斯特第二誕生了！」

現在，當年那因得不到俱樂部便宜車而耿耿於懷的小小少年已經擁有了六台名車，與曼聯足球俱樂部的新合約中，吉格斯的年薪已高達數百萬英鎊。

☺ **心靈絮語**

不要為別人的輕視和嘲笑而沮喪，只要你證明自己是一塊金子，自然能將他們的眼睛照亮。你透過自己的努力獲得成功，證明自己的能力便是對別人的輕視的最好答覆。

吃了維生素的老鼠

幾年時間，城外好大的一片田地變成了鋼筋混凝土的高樓大廈，老鼠們的日子漸漸難過起來。鋼筋混凝土的房子很難進入，況且城裡的人們不儲備太多的糧食，於是，老鼠們的生活也出現了糧食危機。老鼠們雖然還能覓到一些殘羹剩飯，但也是只有上頓沒下頓，一時十分苦惱。

有一隻聰明的小老鼠，很看不慣大人們曬著太陽大做白日夢，決定去尋找一種可以替代稻米的糧食。

有一天，他在一棟高樓的雜屋裡找到了一種神奇的食物。這種食物不僅能填飽饑腸，而且能夠讓自己變得神采奕奕，連一些病痛的小毛病也沒了。

這種神奇的食物叫做維生素，這隻聰明的老鼠從這種食物的包裝瓶的標籤上知道的。這種食物的說明書上說，每天只要吃上一粒，就能改善人體機能。

這隻聰明的老鼠想：「我每天都吃一點，身體將會比人類更健碩。」

幾個月後，地下室儲藏的過期維生素終於吃完了，聰明的小老鼠也長成了一隻大老鼠。這時，這隻聰明的大老鼠卻發現，自己已吃不下稻米。只要吞下稻米，老鼠便感覺到腹脹難消，並且口乾舌燥，喉嚨也很痛，蹲在水池邊不停的喝水也沒有用。這時，這隻聰明的大老鼠才幡然悔悟，人們所依賴的東西，竟是以喪失自我機能作為代價的。

☺ **心靈絮語**

很多我們生活中所依賴的東西其實是有害的。為了獲得健康的體魄和快樂，千萬不要忘了維護自身的基本機能，儘量追求自然的生活。

超過一千萬

一對男女雙雙步入了婚姻的殿堂，當甜蜜的愛情高潮過去之後，他們開始面對日益艱難的生計。妻子整天為缺少財富而憂鬱不樂，他們需要很多很多的錢，十萬，百萬，最好有一千萬。有了錢才能買房子，才能吃好的穿好的……可是他們的錢太少了，少得只夠維持最基本的日常開銷。

她的丈夫是個很樂觀的人，他不斷找機會開導妻子。

有一天，他們去醫院探望一個朋友。朋友說，他的病是累出來的，常常為了賺錢三餐不正常還常熬夜。回到家裏，丈夫問妻子：「假如給妳錢，但讓妳跟他一樣躺在醫院裏，妳要嗎？」妻子想了想，說：「不要。」

過了幾天，夫妻兩去郊外散步，而經過的路邊有一幢漂亮的別墅。從別墅裏走出一對白髮蒼蒼的老者。丈夫又問妻子：「假如現在就讓妳住在這樣的別墅，但要變得跟他們一樣老，妳願不願意？」

妻子不假思索地回答：「我才不願意呢。」

他們所在的城市破獲了一起重大搶劫案，主嫌犯搶劫現金超過一千萬，被法院判處死刑。罪犯押赴刑場的那一天，丈夫對妻子說：「假如給妳一千萬，但妳要馬上去死，妳願不願意？」

妻子生氣了：「胡說什麼呀！給我一座金山我也不願意！」

丈夫笑了：「這就對了。妳看，我們原來是這麼富有：我們擁有生命，擁有青春和健康，這些財富已經超過了一千萬，我們還有靠勞動創造財富的雙手，妳還愁什麼呢？」

☺ **心靈絮語**

人的財富不僅僅是錢財、它的內涵很豐富，錢財之外還有很多很多，還有比錢財更重要的。可惜，世間有很多人看不到這一點，許多煩惱由此而生。他們難與幸福結緣，卻常常要和不幸結伴同行。

幸福來自勤奮的工作

有一群漁夫天天一起出海打魚。他們在同樣的地方打同樣的魚，將魚放入桶裡以後，又倒入同樣的水。但他們回到岸上之後賣魚的時候，其中的一個老漁夫的魚總是特別好賣，許多人都專程來買他的魚，說他賣的魚，魚肉特別鮮美。這讓那些和他一起打魚的人都百思不得其解。

他們向老漁夫打聽有什麼祕訣，老漁夫笑而不語。於是他們商議要趁著老漁夫不在的時候，好好查看一下他賣魚的桶子，看看究竟是怎麼回事。

有一天機會來了，老漁夫要出門遠行。待老漁夫一走，他們就溜到他的家中，他們發現他的桶子裡唯一和他們不同的地方，就是還養了一條兇猛的大魚，牠不停地游來游去。

大家終於明白了老漁夫的祕訣。由於那條大魚在水裡不停地游來游去，使別的魚也不能安安靜靜地待著，只能跟著不停地游動，所以魚肉的品質就這樣提高了。

☺ **心靈絮語**

就像魚兒不停地游動而使魚肉鮮美一樣，一個人只有透過勤奮的工作才能得到更多的幸福，勤奮的工作可以讓人精神振奮，思想敏銳，永遠保持活力，這過程能使人更好地享受生活。

依靠你自己

楚國南方有一個獵人，能用竹管吹出許多野獸的聲音，就像真的一樣。一天晚上，他悄悄帶上弓箭和瓦罐裡的燈火，就向山裡走去。

到了山裡，獵人用竹管吹出鹿的叫聲來吸引牠的同類。等到鹿被引來後，獵人就亮起燈火照明，拿弓箭向鹿射擊。誰知這時，有隻狼聽見鹿的聲音，就飛快地跑了出來。那個獵人害怕了，連忙吹出老虎的聲音來嚇唬狼。

狼果然被嚇跑了，但老虎卻聞聲而來了。獵人越發害怕了，就又吹出黑熊的聲音，把老虎給嚇跑了。這時有隻黑熊聽到這種聲音，就跑過來尋找牠的同伴。

到了跟前一看，沒看見同伴只看見一個人，牠便一把揪住獵人的頭髮，猛撲上去將他吃掉了。

☺心靈絮語

任何困難的解決都要以自己的力量為基點，而不能只依賴他人。因為有些困難自己能解決而不親自動手，等到你的依靠不存在後，你就會束手無策了。

奮鬥的收穫

有兩個人在大海上漂泊，想找一塊能生存的地方。他們遇到一座無人的荒島，島上雜樹叢生，蛇蟲遍地，處處都潛伏著危機，條件十分惡劣。

其中有一個人說：「我就準備在這裡安家了。這地方現在雖然差了一點，但好好打理一下，將來會是個好地方。」

而另一個覺得這樣惡劣的條件需要多大的努力才可能變好呢？說不定一輩子都不可能。於是他繼續漂泊，後來他終於找到一座美麗的小島。他便留在這裡做了小工，很自在很愜意地過了下來。

過了很多很多年，一個偶然的機會，他經過那曾經放棄的荒島，於是他決定去拜訪老友。島上的一切使他懷疑走錯了地方：高大的房舍、整齊的田地、健壯的青年、活潑的孩子……

老友雖困頓而衰老，但精神仍然很好，尤其當說起變荒島為樂園的經歷時，更是神采奕奕。最後老友指著整個島說：「這一切都是我用雙手做出來的，這是我的島嶼。」

☺ **心靈絮語**

是選擇安逸的生活還是選擇艱苦的奮鬥，因個人志向的不同而異。但請記住一點：安逸的環境往往使人裹足不前，而困苦的環境更能激發人創業的鬥志。只有你回過頭來時，會發現奮鬥的過程就是人生的完美的曲線。

牡丹畫弄成的誤會

中國著名的國畫家俞仲林擅長畫牡丹，他畫中的牡丹嬌艷欲滴，充滿了富貴氣象。有一次，一個人慕名而來，買了一幅他親手所繪的牡丹，回去之後，立刻高高興興地掛在客廳裡。

幾天後，一個朋友來訪，見到那幅畫之後，搖搖頭說：「畫倒是好畫，可是不吉利。你看，這畫上的牡丹沒畫全，少了一個邊。牡丹代表富貴，沒畫全，那不成了『富貴不全』嗎？」

那人聽了覺得有道理，買牡丹畫就圖它這個富貴的意思，如果讓人覺得不吉利，怎麼能要呢？

於是他拿了那幅畫回去，向俞仲林說明原因，請俞仲林重畫一幅。

俞仲林聽了他的理由，告訴他是他沒理解畫中的意思，牡丹代表富貴，缺了一條邊，表示「富貴無邊」，怎麼會不吉利呢？

那人聽了俞仲林的解釋，高高興興地捧著畫回去了。

☺ **心靈絮語**

對同一個事物你從不同的角度看，可以得出不同的結論。你認為世界是美的，你就會從中看到美；你認為世界是醜的，世界就會以醜來回應你。相同的道理，生活的品質高低也全在自己怎麼看。

創造奇蹟的池水

在英國一個偏僻的小山村，有一個山洞，據說天使曾經在那裡住過，裡面有一池泉水，清澈透明，溫熱適人，當你在池水裡靜坐，虔誠地祈禱時，就會出現奇蹟，治好你的各種疾病，所以很多病人不遠千里而來。

有一天，幾個村民正坐在鐵匠舖聊天，一個斷了一條腿的退伍軍人，拄著一根拐杖，慢慢地來到了這個小山村，引起了他們的注意。他們看到那個退伍軍人一臉疲憊樣子，便喊他在鐵匠舖歇歇腳。

退伍軍人想了一下，就走進了鐵匠舖，和他們聊了起來，告訴他說自己是從幾十里外的一個鎮上走來的，想到這裡的山洞裡去。

有一個村民忍不住問道：「你從那麼遠的地方來，是為了向上帝祈禱再有一條腿嗎？」

退伍軍人說：「不，我不是要向上帝祈禱再有一條新腿，而是要求幫助我，讓我知道，在失去一條腿之後應該如何生活下去。」

☺ 心靈絮語

在經歷了挫折和失敗的痛苦後，所要考慮的首要問題不應是怎樣避免它，而是要學會如何面對挫折和失敗所帶來的種種困境，有了戰勝困境的勇氣，生活就不會是一團陰霾。

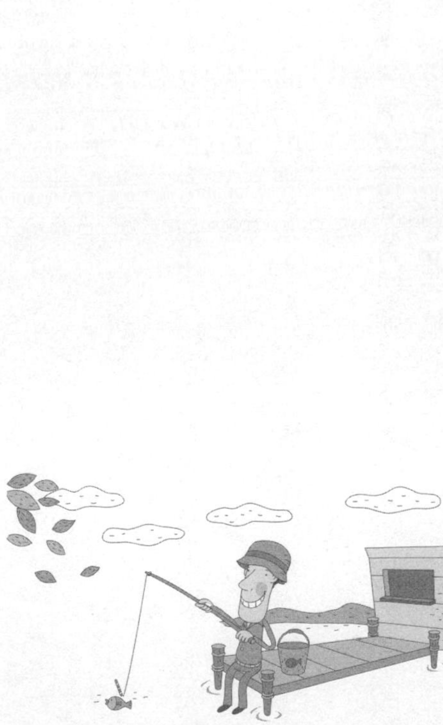

寬恕

一位猶太人，在法西斯的集中營裡受盡了折磨，待第二次大戰結束後，他死裡逃生，但他的妻子和孩子早已不在人世了。

當時犯了戰爭罪的納粹分子有的被處決，有的被監禁，還有的正在逃亡，警察在到處搜捕他們。

他一想起集中營裡發生過的事，就寢食難安，整天想著如何才能把那些逃跑的納粹分子抓住，為此他去拜訪另一位當時與他關在一起的難友。

那位難友收回了被納粹分子搶佔的工廠，天天忙著工作。

他問那位難友：「你忘了集中營發生過的事情嗎？你已原諒了那群殘暴的傢伙嗎？」

「我並沒有忘記過去的種種苦難，但我已原諒了他們。」

「我可是一點都不能原諒他們，他們害得我家破人亡，現在想起來仍讓我咬牙切齒！如果沒有看到他們被處死，我是不會安心的。」

那位朋友聽了之後，靜靜地說：「若是這樣，那他們仍然監禁著你。」

☺ 心靈絮語

企圖報復別人就等於折磨自己。在充滿仇恨的心靈中，永遠不會有幸福的容身之地。如果別人傷害過你，何妨寬容地原諒他，將自己從怨恨的束縛中解脫出來，享受生命中美好的一切？

白雲悟道

白雲禪師有一次與師父楊岐禪師對坐，楊岐問道：「聽說你從前的師父茶陵郁和尚大悟時說一首偈，你還記得嗎？」

「記得記得，那首偈是『我有明珠一顆，久被塵勞關鎖；一朝塵盡光生，照破山河萬朵。』」白雲畢恭畢敬地說，不免有些得意。

楊岐聽了，大笑數聲，一言不發地走了。

白雲怔坐在當場，不知道師父聽了自己說完那首偈語之後為什麼大笑，心裡非常愁悶，整天都在思索著師父的笑，但找不到任何足以令師父大笑的原因。

那天晚上他輾轉反側，無法成眠，苦苦地思考了一夜。

第二天他實在忍不住了，就去請教師父：「您聽到我前一個師父的偈語為什麼大笑呢？」

楊岐禪師笑得更開心，對著因失眠而添了兩個黑眼圈的弟子說：「原來你還比不上一個小丑，小丑不怕人笑，你卻怕人笑！」

白雲聽了，豁然開悟。

☺ 心靈絮語

因為別人的一舉一動而影響自己的心情和行為是不成熟的表現，太在意別人對自己的看法和觀念，會活得很累。只要自己沒做錯什麼事，就可以擺脫一些細枝末節的糾纏，多一份豁達與從容，因為生活是自己的而不是別人的。

抱怨

鑒真大師剛剛遁入空門時，寺裡的住持讓他做個誰都不願做的行腳僧。

每天他都很勤奮地做著住持交給他的工作，已經兩年了，他每天如此，從來沒有一次讓住持對他的工作覺得不滿。可是他一直想不明白：為什麼別人都在做著很輕鬆的工作，而自己卻一直做寺裡最苦最累的工作，而且一做就是兩年這麼長的時間？

一直以來，他都不能接受，他認為自己很委屈，覺得住持分配得一點都不公平。有一天，已日上三竿了，鑒真依舊大睡不起。住持很奇怪，推開鑒真的房門，只見床邊堆了一大堆破破爛爛的鞋子。

住持覺得很奇怪，於是叫醒鑒真問：「你今天不外出化緣，堆這麼一堆破鞋子幹什麼？」

鑒真打了個哈欠說：「別人一年都穿不破一雙鞋子，我剛剃度一年多，就穿爛了這麼多的鞋子。」

住持一聽就明白了，微微一笑說：「昨天夜裡剛下了一場雨，你隨我到寺前的路上走走吧。」寺前是一座黃土坡，由於剛下過雨，路面泥濘不堪。住持拍著鑒真的肩膀說：「你是願意做一天和尚撞一天鐘，還是想做一個能光大佛法的名僧？」

鑒真回答說：「當然想做光大佛法的名僧。」

住持撚鬚一笑，接著問：「你昨天是否在這條路上走過？」

鑒真說：「當然。」

住持問：「你能找到自己的腳印嗎？」

鑒真十分不解地說：「我每天走的路都是又乾又硬，哪裡能找到自己的腳印？」

住持又笑笑說：「今天又再這路上走一趟，你能找到你的腳印嗎？」

鑒真說：「當然能了。」住持笑著沒有再說話，只是看著鑒真。

鑒真愣了一下，然後馬上明白了主持的教誨，開悟了。

☺心靈絮語

不經歷風雨，就見不到彩虹。在風雨中歷練自己，敢於挑戰困難和挫折，才能得到更多的收穫。

學會傾聽

一位商店經理剛從外面回來，一進門，就聽到一名店員對顧客說：「沒有，太太真的，好幾個星期連一點也沒有，我看照這個樣子，最近也不大可能有呢！」

他一聽之下，十分震驚，一個箭步衝到櫃台前，顧客正要離開，他急忙笑著說：「太太，請留步，剛才他記錯了，其實不是這樣的。我們很快就會有了，訂單兩個星期前就發出去了，馬上就會到了。」

那位太太很奇怪地看了看他，微微地點了下頭就走了。

這位經理立刻就把那位店員拖到旁邊，大聲地指責道：「你是怎麼做生意的？知不知道，絕對不可以對顧客說我們沒有這種商品……就算是真的沒有，也得說訂單已經送出，很快就要到貨了。」

那位店員連忙點頭，他又問：「她剛才到底要買什麼？」

「她問最近會不會下雨。」店員答道。

☺心靈絮語

傾聽別人是一種用金錢無法換來的美德，任何急躁的做法都只是蠻幹的學生兄弟，對他人的話語斷章取義是對自己的一種折磨，所以最好平靜一下自己的心態，可以讓自己活得更從容。

貪心的乞丐

有一個乞丐的腿有點殘疾，他天天坐在一個岔道口，向人乞討，別人經過時往往向他身前的杯子裡扔幾塊零錢。在他住所附近有一個心地很善良的先生，覺得他十分可憐，所以每星期都會固執地送給他一百塊錢。

後來這位善心的人結婚了，家庭開支一下子增加了很多，於是他周濟乞丐的錢就變成每星期五十元了。乞丐有些憤憤不平。

又過了一段時間，他太太為他生了一個孩子，開銷又增加了，於是他只好給那乞丐二十元錢。沒想到乞丐這次居然把那二十塊錢丟回來，很不高興地說：「這點錢哪裡夠用？」

那位心地善良的人有些不好意思，解釋道：「我現在結了婚，又有了孩子，家裡的負擔一下子增多，所以不能給的像以前那麼多了。」

誰知乞丐聽了這番話，竟然氣憤地說：「誰讓你將給我的錢拿去養家活口了？」

☺ **心靈絮語**

盲目地付出有時不一定會結出善果，就像乞丐那樣把別人對自己的施捨當成了必然的義務一樣。救助別人也要講究方法；重點應放在培養弱者的能力上，而不是單純的物質救濟。

蟲子的悲劇

有一種小蟲子非常擅長背東西，在牠爬行的時候，只要一遇到牠喜歡的東西，也不管有沒有用，總要想方設法抓過來放到自己的背上。

儘管有時候背得東西太多太沉，壓得牠走路都困難了，可是一遇到喜歡的，牠還是不停地向上加東西。所以到最後，牠被壓得跌倒在地上，再也爬不起來了。

有的人遇到這種小蟲子時，覺得牠十分可憐，便替牠去掉背上的東西。但只要一恢復到能夠爬行的時候，就又變得跟原來一樣，遇上喜歡的東西就再次抓過來背上。

這種小蟲子還有一個特點，就是牠非常喜歡往高處爬。

牠一面向高處爬，一面不停地往自己背上加東西，累得精疲力盡也不知道停止，或把背上的東西扔掉，所以最後牠們往往都是從高處掉下來摔死的。

☺ **心靈絮語**

生命的真正意義不在於自己有多少財富而在於內心是否充實。豐富的心靈生活可以抵消因物質的貧乏而給自己帶來的痛苦，儘管只有真正的隱者才能做到這一點，不過，它也應該是我們每個人努力的方向。

不滿足的惡果

美國實行西部大開發時期，西部地廣人稀，條件比較惡劣，為了鼓勵人們往西部發展，政府所定的地價十分便宜，繳納一定的錢數之後，你一天之內所跑的範圍下的土地歸你所有。

有一個人付了錢之後就開始拼命跑，從早晨到中午，一點也捨不得休息，因為多跑一點路就多得一些地。到了中午，他還是往前跑，有人勸他：「往回跑吧！」他想：「我再跑一會兒，因為現在轉回去，土地就再也不能增加了。」

就這樣，他就繼續跑，等他發現太陽偏西，就要下山時，他開始害怕自己趕不回起點了。於是做了一個標誌後，他就轉身開始不要命地狂奔。不一會兒，他就累得精疲力盡，他想再堅持一會兒，等他跑回去了，那些地就全是他的了。

但還沒有跑回起點，他已經摔倒在地，等人們趕過來的時候，他已經斷了氣。大家將他草草就地埋葬，他能帶走的不過是六英尺那麼大的地方。

☺ 心靈絮語

「貪心不足蛇吞象」。對待既得利益的正確態度應該是適可而止，因為使生活幸福的原因除了充分的物質條件外，還有其它的；只顧眼前利益而喪失了正確的理智，最終的結果可能會得不償失。

面對閒言碎語

有一個小和尚非常苦惱，因為師兄師弟們老是說他的閒話。無所不在的閒話，讓他無所適從。唸經的時候，他的心不在經上，而是在那些閒話上。

他跑去向師父告狀：「師父，他們老說我的閒話。」

師父雙目微閉，輕輕說了一句：「是你自己老說閒話。」

「他們瞎操閒心。」

小和尚不服。

「不是他們瞎操閒心，是你自己瞎操閒心。」

「他們多管閒事。」

「不是他們多管閒事，是你自己多管閒事。」

「師父您為什麼這麼說？我管的都是自己的事啊！」

「操閒心、說閒話、管閒事，那是他們的事，就讓他們說去，與你何干？你不好好唸經，老想著他們操閒心，不是你在操閒心嗎？老說他們說閒話，不是你在說閒話嗎？老管他們說閒話的事，不也是你在管閒事嗎？……」

話未說完，小和尚茅塞頓開。

☺心靈絮語

愛說閒言碎語是某些庸人的陋習。如果對這些閒話採取豁達和漠視的態度，你的生活就會更加輕鬆自如。

勇敢的小男孩

尼亞加拉瀑布以其雄偉壯麗吸引了眾多遊客。

一天，有一位特技演員在瀑布上方架起了一根鋼絲，吸引了大量遊客前來參觀，鋼絲下面就是懸崖，瀑布從懸崖上奔騰而下，發出隆隆巨響，讓人心驚膽戰。

那個人熟練地在鋼絲上走過來走過去，他那巨大的膽量和精湛的技巧博得了觀賞者們的熱烈的掌聲。

特技演員走下鋼絲，對觀眾說：「有誰願意上來，讓我背著他穿過懸崖嗎？」觀眾聽著這個大膽的建議，不禁倒吸一口氣。望著那高聳的懸崖，沒有一個敢上去。只有一個小男孩勇敢地跑上前來，願意讓特技演員背著他走鋼絲。

觀眾們都捏著一把汗，看到他們二人在鋼絲上慢慢地走著，直到他們平安地走到對面，觀眾懸著的一顆心才落回原處。

人們好奇地問小男孩：「你為什麼敢讓這個人背你走鋼絲，你不知道這很危險嗎？」

小男孩驕傲地回答：「因為他是我爸爸。他是全世界最棒的特技演員，絕不會讓我有危險的。」

☺ **心靈絮語**

克服恐懼的最佳對策就是勇敢地面對它，將它視為自己必定能戰勝的對手，任何退讓和逃避的做法都無助於我們信心的樹立。當你努力改變內在的素質時，外在的困境有時就不攻自破了。

老太太的郵件

有一位老太太，每天一到郵差要來送信的時間，便準時守候在信箱前，不論刮風還是下雨，從不間斷。

後來郵差都和她熟識了，每次來投信的時候都要和她聊上兩句。每次，當她用顫抖的雙手接過信件時，臉上都是非常滿足和幸福的樣子，令郵差非常羨慕。

後來，一連兩天，這位老太太沒有出現在信箱旁，令郵差感到十分奇怪，一打聽才知道之太太已經去世了，郵差悵然地離開了。

當家人為這位老太太整理遺物時，發現了那一大疊信件，沉甸甸地，整齊地包紮在一起。

家人好奇地打開一看，嶄新的信封裡，是一張張發黃的信紙，上面都是充滿愛意的語言。這些都是當年老太太年輕時，她先生寫給她的情書。老太太又把這些信重新投遞，重溫那段逝去的歲月……

☺ **心靈絮語**

對情感的嚮往是人的天性，尤其是那些物質生活本來已很豐富的人。而我們在與人交往時側重點應放在情感的交流和互慰上，而不單純是物質上的互利。你對他人多一份關心，多一點陪伴，他們也會讓你感受到親情和友情的溫暖。

和睦的兄弟

有兄弟二人，父母過世後，相依為命。後來他們長大了，哥哥娶妻生子，兄弟二人就分家了，但仍住在一個院子內。

秋收後，弟弟看著倉庫中的糧食，考慮到哥哥有妻子孩子，負擔較重，自己應該拿一些給他，因此就偷偷地將自己倉庫中的米糧，拿了一部分到哥哥的倉庫中。

而做哥哥的也想到自己膝下有子，老年生活沒有問題，而弟弟還未結婚，必須為將來打算，因此也趁著夜裡，偷偷地將一部分收成運到弟弟的倉庫裡。

到了第二天早上，兄弟二人發現對方的倉庫裡糧食仍然沒有增加，於是晚上又偷偷地互相往對方的倉庫送糧食。

在第三天晚上，當他們再一次拿著糧食向對方倉庫走的時候，兩人在院子中間不期而遇。他們終無明白糧食為什麼沒有變化。

想到對方對自己的一片心意，兄弟二人放下手中的穀物，相擁而泣。

☺心靈絮語

親情的可貴之處，就在於對方能在你毫無覺察的條件下默默地關心你，同時卻不要求你對他有多大回報。文中兄弟二人的行為已向我們演繹了「血濃於水」的自古真情，這值得每一個人珍惜。

飛蛾的痛苦經歷

生物學家說，飛蛾在由蛹變繭時，翅膀萎縮，十分柔弱；在破繭而出時，必須要經過一番痛苦的掙扎，身體中的體液才能流到翅膀上去，翅膀才能充實有力，才能支持牠在空中飛翔。

一天有個人湊巧看到樹上有一隻繭開始活動，好像有蛾要從裡面破繭而出，於是他好奇的準備見識一下由蛹變蛾的過程。

但隨著時間的一點點過去，他變得有點不耐煩了，只見蛾在繭裡奮力地掙扎，將繭扭來扭去，但卻一直無法掙脫繭的束縛，似乎是不可能破繭而出的。

最後，這個人的耐心用盡，就用一把小剪刀，在繭上剪了一個小洞，要讓蛾出來可以容易一些。

果然，不一會兒，蛾就從繭裡很容易地爬出來，但是那身體非常臃腫，翅膀也異常萎縮，耷拉在兩邊伸展不起來。

他等著蛾飛起來，但那隻蛾卻只是跌跌撞撞地爬著，怎麼也飛不起來，沒過一會兒，牠就死了。

☺ **心靈絮語**

「不經歷風雨，怎能見彩虹」，任何一種本領的獲得都要經由艱苦的磨練，任何投機取巧或妄圖減少奮鬥而達到目的的做法都是見識短淺的行為，那隻飛不起來的飛蛾的經歷證明了這一切。

發怒的原因

有一個人經常愛發脾氣，稍微有些不如意的事，就能讓他火冒三丈，暴跳如雷，別人都不願意和他往來。

後來他覺察出易怒的壞處，決心要改正它。

於是仔細檢討自己發怒的原因，覺得每次發怒都是由於別人的言談行為不合自己引起的。因此，為了避免自己發怒，提高自己的修養，他一個人跑到一個遠離人群的深山隱居起來，天天在那裡修身養性。

有一天，他拿著一個陶罐去河邊打水，剛走兩步，腳不慎絆了一下，一罐剛打滿的水就灑了，他只好再返回裝滿。但剛走到半路，一個不小心，又把罐裡的水灑了一地。

到他第三次提完水回去的路上，同樣的事又發生了。他一氣之下，把陶罐使勁地摔到地上。

「砰」地一聲響讓他一下子恍然大悟。

他望著滿地的碎片，自責地說：「我以為以前發怒都是別人引起的。但現在就我一個人，我還能有這麼大的脾氣，可見怒氣是從自己心中生出來的。」

☺ **心靈絮語**

為了不值得的小事而變得暴躁和大發雷霆，既傷害了別人，又傷害了自己。所以遇事不如多想一下，寧可慢些，不要太急而出錯誤；寧可笨些，不要太巧而敗事。

不孝的兒子

一位寡婦獨自一人含辛茹苦地將獨生兒子拉拔大。兒子也很替她爭氣，學習成績一直很好，長大後就出國留學，學有所成後，進入美國一家著名的大公司工作，有著很高的薪酬。但他的母親依舊一個人在家靠糊火柴盒度日。

這位母親時常想著自己辛辛苦苦將兒子帶大，現在兒子有出息了卻對自己不管不顧，心裡十分傷心，因此經常向她的鄰居抱怨兒子不孝。

她的鄰居很奇怪地問：「你兒子不是常寄東西回來給妳嗎？」

她很不高興地說：「是啊，他倒是經常寄東西給我，都是些花花綠綠的外國人照片，我要這個有什麼用？所以都把它們貼在牆上了。」

她的鄰居聽了，感到十分奇怪，進到她的屋子裡一看；牆上貼的全是百元美鈔。

☺ **心靈絮語**

有時你出於善的目的幫助別人，還常受到被幫助者的嘲弄或不以為然，這其是溝通工作出現了問題，因此你有必要多做一些促進溝通的事。

拳王的意外遭遇

路易是美國著名的拳王，縱橫拳壇多年，打敗了許多高手。但他在私底下為人十分謙和，對人十分寬厚，和他在拳擊場上的勇猛完全不一樣。

有一天，路易和他的一位朋友開車一起外出，結果在轉彎的時候，和一輛貨車擦撞了一下。路易見自己的車只是磨掉了一塊漆，也沒什麼大毛病，對方的貨車也沒什麼問題，就準備上車。

誰知對方下了車，氣沖沖地不由分說就將他們痛罵了一頓。路易不發一語地聽，那人罵夠後，上了車揚長而去。

貨車司機走了後，他的朋友很奇怪地問他：「那個人如此無禮，你又不是打不過他，為什麼不將他修理一頓？」

路易很幽默地回答：「如果有人侮辱了歌王卡羅素，你覺得卡羅素會為他唱一首歌嗎？」

☺ **心靈絮語**

日常行為的好壞或高低才更能反映個人素質的高低，路易已用行動證明了自己是一個有涵養的人。所以在評價別人時不如借鑑一下。

測試題

有這樣一道題：A和B可以相互轉化，B在沸水中生成C，C在空氣中氧化成D，D有臭雞蛋的氣味。請問ABCD分別是什麼？

你知道答案嗎？

如果不知道，也不用灰心，因為這道題曾經難倒過許多的碩士、博士、學者、教授，甚至是連愛因斯坦這樣的大科學家。

如果你知道答案，那麼恭喜你。不過不要太得意，據說第一個說出正確答案的是在大街上修鞋的小王。

對於這道題，很多高學歷人士，都是從「D有臭雞蛋的氣味」這個已知條件開始推斷的。這很簡單，在上中學的時候我們就已學過，臭雞蛋氣味意味著硫化氫，是一種有毒有害氣體，濃度高時可以致人死亡。

那麼，什麼東西可能被氧化成硫化氫呢？這個問題恐怕就要難倒一批碩士、博士了，可能有幾個備選答案，但不見得是「在空氣中氧化」而成的。至於A和B可能是什麼，別說教授，恐怕連上帝都回答不出來了。

其實，答案很簡單，那個小王說ＡＢＣＤ分別是雞、雞蛋、熟雞蛋和臭雞蛋。

小王沒上過學，他不知道什麼叫硫化氫以及硫化氫是什麼氣味，他只知道臭雞蛋有臭雞蛋味。

☺心靈絮語

是的，這是個簡單答案，簡單得都讓人想不到。

為什麼越簡單越不容易想到呢？是因為往往我們知道的越多，就離事物的本源越遠；我們的知識越豐富，就越容易把簡單的事情想的更複雜；我們的眼光越高遠，就越容易被眼前的石頭絆倒。

還有一錠金子

有一個年輕人，他在進入職場之後，一直都表現得非常出色。後來在一次重要的人事調動中，他本來有很大的希望晉級，結果卻被安排到基層工作。

這個意外的結果，對他的心理打擊很大。他認為這些年來的所有努力，都付諸東流了。因此在家裡，他的脾氣變得暴躁起來；在單位裡，他則整日鬱鬱寡歡，感覺前途沒有一點希望。偶爾，他也會為自己消極的心態而感到吃驚。

後來，他決定去拜訪一位成功的長者，希望那位長者給他一些意見。見到那位成功的長者之後，他把心中壓抑已久的苦悶，統統地傾訴給了長者。

那位長者聽完之後，竟然笑了起來，隨後，問他：「你是因為一次事業上的挫折，便斷定前途無望了是嗎？」

年輕人點了點頭。

然後，長者便轉移這個話題，給他講了這樣一個故事：

從前，有兩個漁伕經常結伴駕船出海捕魚。後來，他倆在海上發現了一座奇怪的小島，上面滿是金燦燦的黃金。於是，他倆將小船靠近海島。第一個漁伕將船上的網具全部扔掉，隨後，不停地往船上裝金子，直到小船快被壓沉了為止。

第二個漁伕，也不停地往船上裝金子。然而，裝了一會兒之後，這個漁伕發現了一個問題，因為小船的載重量有限，無法承載太多的金子。儘管他也是非常希望擁有更多的金子，但在此時，他克制住了自己的貪慾。他閉上眼睛，轉過身去，迅速地將小船划離了海島。

在返航的途中，他們遇上了罕見的颱風。第一個漁伕所駕的小船，因為嚴重超載，另外他又不捨得將那些金子往海裡扔，結果很快船就沉沒了。

另一個漁伕，則不停地將船上的金子往海裡扔，以減輕船的載重量。當他手中還剩下最後一錠金子的時候，颱風過去了，大海也恢復了先前的平靜。他駕著小船安全返航。他沒有捨棄網具，第二天仍可以出海捕魚；他只帶回來一錠金子，但是這一錠金子足以使他家的生活變得富裕……

講完這個故事之後，長者微笑著問那個年輕人：「你希望自己是哪個漁伕呢？」

年輕人毫不猶豫地回答：「當然是第二個了。」

此時，長者讚許地說：「你非常聰明啊！不要忘記，在適當的時候，應該閉上一隻眼睛。因為你手中還有網具，還有一錠金子，明天的生活對你來說仍會是幸福的！」

年輕人恍然大悟，而後，釋然地笑了起來。

☺心靈絮語

塵世之中，展現在你面前的一切，似乎都在張著誘惑的大口，權力、名譽、金錢、身價……其中，有很多人為了這些身外之物而殫精竭慮，而不惜生離死別，甚至不惜喪失良知。

就像那位長者所講的故事一樣，貪婪的慾望，將使你的生命之舟超載，無法承受住人生風浪的考驗。而一個生活的智者，應首先懂得「適度捨棄」這個道理。

最富有的人

有一位老先生經常對人說他是世上最富有的人。

這話傳到了稅務單位那裡，引起了稅務人員的注意，就派了一個人去調查他。

稅務員問道：「請問你有什麼財產？價值多少？」

老人說：「我有健康的身體，它使我不需要依賴別人照顧自己，使我有心情欣賞飯菜的美味、花草的清香。」

稅務員問：「除了健康之外，你還有什麼財產？」

老人回答道：「我還有一個賢惠的妻子，每天把家布置得十分溫馨，有煩惱時總能得到她的安慰和幫助。」

稅務員疑惑地說：「還有別的嗎？」

老人興奮地說：「我還有幾個孩子，都十分孝順、聰明而且健康。」

稅務員不滿地說：「你說你是最富有的人，那你難道沒有什麼房地產？銀行裡有多少存款？」

老人看了看她，微笑著說：「我擁有這些，難道還不算世上最富有的人嗎？」

☺ 心靈絮語

健康的身體和明朗的心境是生活帶給你的最大財富，然而有些人卻不懂得自己所擁的這些，費盡心機去追逐本不屬於自己的身外之財，到頭來搞垮自己時才後悔，莫不如停下來，多欣賞一下路邊的美麗的風景。

成功的人生

從前，有一個名叫湯姆的小男孩沿著一條曲折迢遙的道路去尋找他的未來。茫茫征途炎炎烈日，在一個荒野的十字路口他看見了一棵枝繁葉茂的老樹。

他想：「我要在那裡休息一會兒想想我的出路，雖然我的前程好壞未卜，但它肯定就在我的前面。」

想到這，男孩歡欣地朝樹走去，可是直到走近一看，他才發現樹蔭已被一位酣睡的老人佔據了。湯姆是個有教養的孩子，他靜悄悄地坐在一旁等候著老人醒來分給他一片陰涼。

老人終於睜開了雙眼並用和善的眼神示意他靠近樹蔭，雖然這時已是夕陽西下，夜色低沉，但湯姆沒有抱怨，因為他知道自己的出路就在前方，而老人的出路已落在身後。

「我在尋找我的出路，老人家。」湯姆說，「您能告訴我前面哪條路是最好的嗎？」

老人上下打量他一番，然後又由近及遠地望了望遠方的道路，最後搖搖頭對湯姆說：「我的眼力不行了，我曾經能看見散步的風呢。」

「那麼，老爺爺。」湯姆繼續說，「也許您能聽見美妙的世界位於哪條路上吧？」

老人把頭側向一邊聽了聽，然後又側向另一邊聽了聽，最後搖搖頭說：「我的聽覺也很差了，我曾經聽得見私語的草呢。」

湯姆坐下來，想了好一會。「老人家，」他又說道，「您知道一個我能去的地方嗎？一個能找到我出路的地方？」

「我認為香格里拉是最好的地方。」說著，老人慢慢地站起身來，伸了伸懶腰，消失在樹的背影裡。

湯姆是個有教養的孩子，他沒有尾隨其後糾纏不休，而是在樹枝下安頓了一宿。當一輪紅日從東方的天空中冉冉向他走來時，湯姆像聽到了一聲遠方的呼喚隨即站起身來。他在十字路口上，選擇了一條他希望能通往香格里拉的道路。

湯姆跋涉了很多日子，經歷了許多事情。

他上山挖金，下海掏珠，爬山鑽洞，風餐露宿，日夜兼程。他閱歷大千世界，嘗盡人間甘苦，但他仍然執著地尋覓著香格里拉。

最後，他終於把香格里拉撇在腦後。他在自家的房子周圍種起了糧食，種出了一個世界。即使當他想起香格里拉，那也不過像是童年時讀過的一段神話，從來沒有因此而攪亂過他寧靜的心境。

只是有那麼一天，當孫子們和年邁的他一起坐在壁爐前聊起那廣闊而又神奇的世界時，老湯姆這才提起他那一段不平凡的生活。

「是的，」他說，「年輕時我周遊過世界，為著尋找某件東西，尋找什麼現在已記不起了。一些東西找到了，還有一些沒有找到。但重要的是，我年輕時曾遊歷過一番。」

☺心靈絮語

人生之路就在前方，只要你一步步走下去，不虛度每一天，就等於擁有了成功的人生。

被救的船員

有一艘漁船遇上了海難，船隻被風浪打碎，所有的船員中只有一個活著飄流到了一座孤島上，他獨自一人在島上靠採集果實捕獲些小動物艱苦地生活著。

他用身上的衣物做了一面白旗，天天站在山頂搖，希望會有人看見前來救他，但一直都沒有結果。

他想，一時半刻大概是不能離開這個荒島了，於是辛辛苦苦地開始蓋房子，製做生活用品，準備打持久戰。

但有一天，完成不久的小茅草屋忽然著起火來，連同他多日來辛辛苦苦置辦的一點家當全都化為灰燼。

他感到非常地傷心絕望，埋怨上帝：「我好不容易才建立起來的家就這樣化為灰燼，上帝啊，你為什麼要我走上絕路？」

正當他沉浸在絕望中的時候，忽然看到一艘船開到小島救他，他連忙上船。途中，他問他們是如何知道島上有人的。救他人的回答：「我們也不知道，但看見島上有火，船長就派我們來看看了。」

☺心靈絮語

樂觀的人能從憂患中看到機會，悲觀的人從機會中看到憂患；因此，當你面對危難降臨時，空自抱怨對解決問題毫無益處，最好的辦法就是永不放棄努力追求。

生活中的「繩子」

一個後生從家裡到一座禪院去，在路上他看到了一件有趣的事，他想以此去考考禪院裡的老禪師。

來到禪院，他與老禪師一邊品茗，一邊閒扯，冷不防地問了一句：

「什麼是團團轉？」

「皆因繩未斷。」老禪師隨口答道。

後生聽到老禪師這樣回答，頓時目瞪口呆。

老禪師見狀，問道：「什麼使你如此驚訝？」

「不，老師父，我驚訝的是，你是怎麼知道的呢？」後生說，「我今天在來的路上，看到一頭牛被繩子穿了鼻子，拴在樹上，這頭牛想離開這棵樹，到草地上去吃草，誰知牠轉過來轉過去都不得脫身。我以為師父既然沒看見，肯定答不出來，哪知師父出口就答對了。」

老禪師微笑著說：「你問的是事，我答的是理，你問的是牛被繩縛而不得解脫，我答的是心被俗務糾纏而不得超脫，一理通百事啊！」

後生大悟！

一只風箏，再怎麼飛，也飛不上萬里高空，是因為被繩牽住；一匹壯碩的馬，再怎麼烈，被套上馬鞍後任由鞭抽，也是因為被繩牽住。因為一根繩子，風箏失去了天空；因為一根繩子，水牛失去了草地；因為一根繩子，大象失去了自由；因為一根繩子，駿馬失去了馳騁。

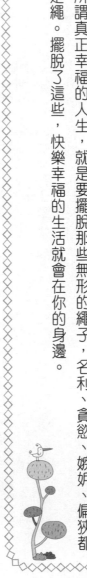

☺ **心靈絮語**

所謂真正幸福的人生，就是要擺脫那些無形的繩子，名利、貪慾、嫉妒、偏狹都是繩。擺脫了這些，快樂幸福的生活就會在你的身邊。

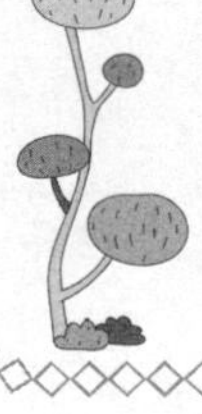

「福神漬」的來歷

日本有位叫山崎的商人，因為經商失敗，覺得走投無路，於是失魂落魄地來到河邊想投水自盡。

這天恰逢該地舉行豐年祭，村民們將大量的蓮藕、生薑、牛蒡、絲瓜等菜拋到河裡祭神。山崎站在河邊，望著順流漂下的各種各樣的生菜，心想：讓這些生菜這樣白白流走，實在太可惜，應該想法利用才是。

想著想著，他覺得現在還不該死，還可以大幹一場。於是他跳到水裡，將河中的菜都收集了起來。回到家後，將生菜切碎做成醬菜，就這樣重新做起生意來。

由於他的醬菜風味獨特，吃過的人都讚不絕口，生意越來越好，山崎把醬菜命名為福神漬，以紀念醬菜使他從死亡邊緣扭轉過來並帶給他幸福和財富。

山崎去世後，他的子孫把醬菜改為罐頭裝，向全世界推銷，由於幾代人的努力，「福神漬」已成為享譽世界的罐頭。

☺ **心靈絮語**

當我們面臨困難時，所能做出的選擇只有三種：一是等別人來幫助自己；二是改變環境；三是改變自己。等別人來幫助是不能的，而改變環境又有那麼多不可能因素，最好的辦法就是改變自己。

假想的敵人

有一個人夜裡做了一個夢，在夢中他看見一個頭上戴著黑帽，身上穿著黑衣，腰上佩著烏鞘劍的騎士，大聲地責罵他，並且輕蔑地向他臉上吐了一口口水……他一下子從夢中醒過來。

第二天，他一直悶悶不樂。朋友問他怎麼樣，他向朋友講述了他的噩夢，並氣憤地說：「我長到這麼大從來未受過別人的侮辱。但昨天夢裡卻被人罵還被吐了口水，我怎麼能忍受這種屈辱。我一定要把那人找出來，和他決鬥，來洗清我的恥辱，否則我寧可死了。」

於是，他帶著一把劍，天天一大清早便站在熙熙攘攘的鬧市中查找他夢中的敵人。但幾個星期過去了，敵人依然是蹤影全無。

最後，他感到再也找不到那個敵人，永遠也洗刷不了自己所受的侮辱了，於是拔劍自刎而死。

心靈絮語

容易為某些根本不存在的事情而煩心是愚蠢的行為，這種恐懼感的產生是因為自己心理作用的惡果。要解決它的辦法就是勇敢地面對，從你每次正視自己的經驗中，你就會得到智慧、勇氣以及信心。

地震造成的鬧劇

一位道學大師總認為自己的定力深厚，所以對學生們要求十分嚴格，總說心若定，就能不為外物所動，泰山崩於前而色不變。

有一天，這位大師正在給學生們講課，突然發生了地震，一時間地動屋搖，學生們嚇得驚慌失措，四散逃命。只有大師靜坐在那裡不動，慢慢地拿起杯子喝著水，顯得十分鎮定。

地震過後，大師召集了所有的學生，對他們訓斥了一番：「你們也太不成氣候了，我總勸你們要誠心誠意，加強修養，你們總是不用心去做。你們剛才注意到沒有？地震時，你們亂成一團，嚇得東奔西跑，只有我一個人獨坐不動，還若無其事地喝著水。有誰看到我握杯子的手在發抖的？」

「先生，你的手或許真的沒有發抖，但你拿的不是一杯水而是一瓶墨水。」一位弟子輕聲地回答。

心靈絮語

面對災難而產生恐懼感是正常的，千萬不必為自己的這種本能反應而掩飾，最要緊的是找出一個克服災難的對策；用強裝鎮定的是辦法掩蓋自己內心的慌亂，往往容易犯錯誤。

機智的礦工

有幾個礦工，在距離地面很深的地下坑道中工作。

有一天，他們正在勞動的時候，礦燈竟然發生故障全部熄滅了，坑道裡頓時一片漆黑，伸手不見五指，大家一片驚慌，跌跌撞撞地到處尋找出口。

轉了幾個圈子之後，更加分不清東南西北。折騰了半天之後，幾個人精疲力盡，只有坐下來休息。

過了一會兒，其中一個年長的礦工就建議說：「我們這樣像無頭蒼蠅似的到處亂撞，也不是辦法。我看我們不如坐在這裡，看看能不能感覺到風的流動，如果有風的話，那一定是從洞口那邊吹來的。」

大家也沒有別的辦法，於是都同意了他的建議，靜靜地坐在那裡。

一開始除了無邊的沉寂，什麼也感受不到。可是過了一段時間後，他們就逐漸感受到一陣陣十分微弱的風吹拂在臉上。

後來他們順著風的來處，終於找到了出口。

☺ **心靈絮語**

在恐懼和慌亂時，往往找不到真正解決問題辦法。所以與其在慌亂中摸索，莫不如讓那顆浮動的心沉下來，答案也許就在你眼前。

挖掘內心的神力

有這樣一則印度傳奇：

很久以前，人類也擁有神力，但人們不知道珍惜而加以濫用，結果惹怒了地位最崇高的造物主勃拉瑪，他決定剝奪人們所擁有的神力，並將它藏在一個不易被人們發覺的地方。

於是他召集眾神商議將神力隱藏到什麼地方最保險。

有的神仙建議將它藏在最高的山峰頂上。但勃拉瑪卻否定了這個提議，說：「不，再高的山峰也擋不住人類取回神力的決心。」

有的神仙又提出將神力藏到海洋深處。勃拉瑪仍然不同意這個建議，因為他認為人們遲早都會搜遍海底的每一個角落，並將神力帶回陸地上。

有的神仙還提議將神力藏到地下的深處，但這些建議都被否決了。

最後勃拉瑪想到一個主意，並得到眾神的一致同意。於是他們將神力隱藏到人的內心深處，因為那是他們唯一想不到該去尋找的地方。

心靈絮語

面對困難我們不必怨天尤人，因為這對解決問題毫無益處。明智的做法是多從自身挖掘潛力，調動自己的全部能力，要相信事在人為。

兩張電影票

一對夫婦在經歷了一天的忙碌工作之後，回到家中。他們打開自家的信箱，看看裡面有沒有什麼來信，結果，令夫婦二人非常興奮的是，那信箱中竟有兩張第二天的電影票，而這場電影竟是他們最想看的一部新片。

夫妻二人以為是哪個朋友故意跟他們倆開玩笑而放在這裡的，就心安理得看了這場電影，影片很精彩，夫婦二人很滿意。

當他們開心地回到家的時候，發現屋門被人撬開了。二人急忙衝進屋裡，發現所有的櫃子和箱子被全部翻過了一遍，東西被扔得滿地都是，特別是夫婦二人結婚時所買的貴重物品也全都不見了。

就在夫婦二人準備報警時，丈夫一轉身，忽然發現書桌上壓著一張紙條，他拿過來一看，只見上面寫著「謝謝你們的合作」七個大字，等看完紙條，他才完全明白了那兩張電影票到底是怎麼一回事。

☺心靈絮語

貪小便宜吃了大虧，「聰明」的小偷正好利用了夫婦二人的這種弱點借機達成了自己的目的。我們在為他們二人惋惜的同時，也應切記：面對意外的橫財不要索取，踏踏實實才是正確的生活態度。

不要輕視小人物

工具房裡的一塊生鐵十分高傲冷漠，從來都是看不起人，這惹惱了工具房裡的一些夥伴，夥伴們聚集在一起開會，商量要怎樣去對付它。

斧頭第一個請戰，笑著說道：「讓我來吧，我一下就可以把它解決了。」於是斧頭走到鐵塊跟前，很用力地對著它亂砍。可是不一會兒，斧頭便鈍了，而鐵塊卻毫無損傷。

「還是讓我來吧！」鎚子胸有成竹地說道，於是他對著鐵塊一陣狂鎚猛打，聲音震耳欲聾。但鎚了半天，鎚子的頭也掉了，鐵塊還是安然無恙。

這時鋸子不慌不忙地出來說：「你們真沒用，都閃到一邊去，看看我的身手！」說著，它就開始用鋒利的鋸齒，在鐵塊上來回地鋸，但是，鐵塊只被劃出了幾道線痕。最後鋸子的鋸齒都折斷了，於是鋸子只好退頭喪氣地退出了。

一簇小小的火焰請求道：「可以讓我試試嗎？」

雖然大家都瞧不起它，但還是給了它一個機會。

小火焰輕輕地盤捲著鐵塊，不停地燒。過了一會兒，鐵塊終於抗不住它的熱力，被完全熔化了。

☺ **心靈絮語**

最弱小的人物往往也有他的強大之處，忽略了它的存在可能會給自己帶來某種不必要的麻煩。所以當我們自以為所做的計劃無懈可擊時，更要加倍小心謹慎，因為有時錯誤就出現在這裡。

洛克菲勒的陰謀

美國大財閥洛克菲勒在密沙發現了蘊藏豐富的鐵礦，但他同時又發現這塊土地早已有了主人，他們是梅里特兄弟，德國人。洛克菲勒只好等待時機。

一八七三年，經濟危機席捲美國，市面銀根緊縮，梅里特兄弟一籌莫展。有一天，牧師勞埃德來家中作客，在了解了他們的困境後，勞埃德說他有一個很有錢的朋友也許可以幫助他們，梅里特兄弟喜出望外。

幾天後，勞埃德回覆梅里特兄弟，說他的朋友答應幫忙，並讓梅里特兄弟立一張字據，梅里特兄弟就按照勞埃德的口述寫了一張借款收據。

過了半年。一天，勞埃德突然來到梅里特兄弟家中，對兩人說：「我的朋友洛克菲勒來了一個電報，要求馬上索回那筆貸款。」

可是，那筆巨款早已被他們用到礦產上去了，根本無力立即償還。兄弟兩人被迫走上法庭。

在法庭上，勞埃德的律師指出：依據美國法律，洛克菲勒是貸款人，可以隨時追回自己的貸款，借款人要麼立即償還，要麼宣布破產。

兄弟倆恍然大悟：是勞埃德把他們領入了洛克菲勒設下的陷阱。

☺心靈絮語

金錢常常成為了人們軟弱的根由，靜下心來，問問自己是否被它所迷惑？重新審視自己對金錢的態度，要時刻警醒，不要讓自己掉入可怕的惡念之中，同時也要防止別人可能對自己帶來的傷害。

最受歡迎的人

曾經有個年輕人，他的家境清寒，連父親去世後買棺材的錢都是鄰居親友湊齊的。父親去世後，他母親在製傘工廠上班，每天工作十個小時，下班後，還帶些按件計酬的工作回家做，一直忙到晚上十一點。

在這種環境中成長的他，少年時有一次參加附近教會舉辦的話劇演出，他覺得很有趣，進而決心要學好演講，這次偶然的經驗，成為他日後從政的契機，三十歲時終於當選為紐約州議員。但當時他尚欠缺履行議員職責的準備。

由於他的學歷不高，所以，工作中碰到很多困難。當他閱讀必須付諸表決冗長而複雜的議案資料時，他完全莫名其妙，有如面對一種難辨的文字一般。再有，雖然他從未踏進森林一步，卻被選為森林法立法委員，而從未跟銀行打過交道的他又被選為銀行法立法委員會的一員。

這使他非常感到懊悔煩悶，真想辭職不幹。但他終究未辭職，其原因乃是不願讓母親知道他無法勝任議員職務這件事。

面對此種困境，他認識到不必為自己膚淺的知識而難過，只有發憤圖強才可以彌補一切。他下定決心，每天學習十六個小時，對一切問題都感興趣並加以鑽研。

他完全忘掉了自己未上過小學的恥辱。自學十年後，史密斯已是紐約州政治事務的最高權威，獲得了無數的榮譽：連選為四屆紐約州長，六所大學——包括哈佛大學和哥倫比亞大學，都曾給這個小學都未畢業的男人贈與名譽學位。

不懈地努力終究使他從地方政界的要人變成全國性的政治家。《紐約時報》曾盛讚他是紐約最受歡迎的公民。這個不凡的人就是亞當•史密斯。

☺ **心靈絮語**

每一個人都不必為自己沒受大學教育，或者有過某些過錯與損失而悲傷；相反，人們應該更加努力地去接受現實生活中的每一件事。事情已經發生了，無論你怎樣悔恨和嘆息都是沒有用的。你唯一可做的是輕鬆愉快地接受它，更加努力地做好你該做的事。

不要期待完美

一位方丈想從兩個徒弟中選一個做衣鉢傳人。

一天，方丈對徒弟說：「你們出去揀一片最完美的樹葉給我。」兩個徒弟遵命而去。

時過不久，大徒弟回來了，遞給方丈一片並不漂亮的樹葉，他對師父說：「這片樹葉雖然並不完美，但它是我看到的最完整的樹葉。」

二徒弟在外轉了半天，最終空手而歸，他對師父說：「我見到了很多很多的樹葉，但怎麼也挑不出一片最完美的……」

最後，方丈把衣鉢傳給了大徒弟。

☺心靈絮語

現實生活中女人要尋找的往往是「白馬王子」，而男人要尋找的則是美貌無雙的「人間尤物」，他們寄予愛情與婚姻太多的浪漫，這種過於理想化的憧憬，往往會被生活的現實擊打得粉碎。

十全十美的人在現實生活中根本不存在，有些人，特別是女性，往往容易一味沉醉於羅曼史所帶給她們的短暫刺激之中。

其實愛情可以讓人創造奇蹟，也可以令人陷入盲目，要知道美滿的愛情不是那些日思夜想的白日夢，而且即使是再美麗的夢想也不過是一個夢而已。脫離實際的幻想，超乎現實的理想化，往往會使愛情失去真正的色彩。

鼎力相助

許多人在眼前的迷霧裏而迷失方向，因為他們所看到的只有霧水朦朧。

一天早晨，倫敦城大霧彌漫，一片灰濛濛，要看清楚一、兩公尺遠的地方都十分困難。公車、轎車和計程車無法行駛，被迫停在路邊。大街上，人們只好在大霧中慢慢地步行。

史密斯要去學院參加一個重要的會議，必須準時趕到那裏。他心急如焚，只好摸索著往前走，沒有過多久就像其他一些行人一樣迷路了。

就在這時，史密斯遇到了一個熱心腸的人，對方主動地問他有何困難，需要什麼幫助，並介紹說自己名叫鮑勃。

在得知史密斯有急事後，鮑勃自告奮勇地替他帶路。就這樣，他們倆寸步不離地穿行在濃霧之中。雖然街上能見度很低，但鮑勃卻毫不費力地走著。他領著史密斯走過一條巷子，接著拐進一條大街，然後通過一個廣場，只用了半個小時就到了學院。

史密斯十分高興，但弄不明白這位好心人為什麼這樣輕車熟路。

「鮑勃先生，真是太感謝您了！」他隨即問道，「在這樣的大霧裏，您是怎樣找到路的？」

「先生，再大的霧也難不倒我，因為我是個盲人。」鮑勃說。

☺ **心靈絮語**

的確，再大的霧也難不倒一個盲人，因為他根本看不到霧，只按他熟悉的道路走，永遠不會迷失方向。在我們人生的方向中不也是如此嗎？許多人在眼前的迷霧裏而迷失方向，因為他們所看到的只有霧水朦朧。

投石問路安做相國

孟嘗君是戰國四公子之一，在齊國擔任相國這一重要職務。

有一年，齊王的夫人死了，孟嘗君為此大傷腦筋，因為他怕齊王所立的夫人跟自己作對，如果那樣就麻煩了，說不定相國的職位也保不住了。自己得想個好辦法。

當時齊王有七位寵妃，個個如花似玉，齊王肯定會從七人中選一位立為夫人，自己只有交結將要被立為夫人的那一位才行。

他想來想去，想出了一個好主意。

他命人用上等美玉做了七對耳環，其中一對耳環做得最精緻最珍貴，然後把七對耳環獻給齊王，齊王很高興，立刻將它們賜給了七位寵妃。

過了幾天，孟嘗君進宮拜見齊王，悄悄地觀察那七位寵妃，發現其中一位美人正戴著那對最精緻特別的耳環，於是他便知道此人最受齊王寵愛。

回府之後，他立刻命人起草奏章，勸齊王立那位戴著特殊耳環的美人為夫人。齊王接奏，正中心意，立即准奏。

那位美人當上了夫人之後身價倍增，自然不會忘記感激孟嘗君擁戴之功。在她的幫助下，孟嘗君安穩地繼續做了相國的位置。

☺ 心靈絮語

面對困境，記著一定要再堅持一下，有時奇蹟就會在這堅持中產生。假使你失敗了，可能會失望；但是假如你不去嘗試，你便注定要失敗，甚至是毀滅。

深入虎穴得虎子

圍魏救趙是作戰中的謀略，但它用在事上也同樣有效。

第四次中東戰爭爆發後，埃及軍隊成功地渡過運河，突破以色列在西奈半島的防線，向前猛進，取得了巨大的優勢。

正當埃軍和以軍為了幾個重要山口展開激烈的爭奪戰時，以軍的沙龍師長向以色列最高統帥部提出了打運河、攻擊埃及空虛的腹地切斷埃及軍隊後方補給線的作戰計劃，這項計劃獲批准。

十月十六日，沙龍師長在損失了七十輛坦克後，成功地渡過了運河，並下令以軍迅速向埃軍縱深地區推進。埃及的腹地果然十分虛弱，以軍坦克如入無人之地，橫衝直撞，搗毀了一處又一處防空導彈基地和補給裝備。而埃及總統沙達特對此一無所知。

十月十九日，以軍的四個坦克旅，一個機械化旅和一個步兵旅相繼深入埃及腹地，包圍了蘇伊士城，使埃及第三集團軍的四萬人陷入孤立無援的境地。

沙達特在美國國務卿基辛格的斡旋下，不得不與以色列停戰講和。

就這樣，埃軍在西奈半島取得的輝煌勝利付之東流。

☺心靈絮語

圍魏救趙是作戰中的謀略，它用在平常的事情上也同樣有效，其實你放棄了每一個冒險的機會，就可能是主動放棄了進取的道路，要堅信「置之死地而後生」的道理。

心中有陽光

某日，無德禪師正在院子裡鋤草，迎面走過來一位信徒向他施禮，說道：「人們都說佛教能夠解除人生的痛苦，但我信佛多年，卻不覺得快樂，這是怎麼一回事呢？」

無德禪師放下鋤頭，安詳地看著他反問道：「你現在都忙些什麼呢？」

信徒說：「人總不能活得太過於平庸，為了讓門第顯赫，家人風光，我日夜操勞心力交瘁。」

無德禪師笑道：「怪不得你得不到快樂，原來你心裡裝滿了苦悶和勞累，哪裡還容得下快樂呢！」

信徒頓悟，大慚，叩謝而去。

☺ **心靈絮語**

在我們的生活中，也不乏有像信徒這樣的人，他們往往錯誤地認為：一個人活得春風得意了，或者功成名就了，才算快樂。

快樂與否全取決於你有沒有一種美麗的心境——生活也是因為你有一雙快樂的眼睛才變得可愛的。

所以，在平平淡淡的日子，我們應該時常提醒自己：心海是否陽光暖照？心路是否一片坦蕩？

體會生命中的情趣

卡內基說過一句話：

「只要生活有情趣，我們將不會老是踩在馬路上的香蕉皮上。」

芝加哥的約瑟夫．沙巴士法官，他曾審理過四萬件婚姻衝突的案子，並使二千對夫婦復和。他說：「大部分的夫婦不和，其根本是肇因於許多瑣碎的事情。諸如，當丈夫離家上班的時候，太太向他揮手再見，可能就會使許多夫婦免於離婚。」

布朗寧和伊麗莎白的婚姻，可能是有史以來最美妙的了。

做丈夫的永遠不會忙得忘記在一些小地方讚美她和照顧她，以保持愛情的新鮮度。他如此體貼地照顧他殘廢的太太。

有一次，他的太太在寫給姊妹們的信中這樣寫道：「現在我自然地開始覺得我或許真的是一位天使。」

☺ **心靈絮語**

世上充滿了有趣的事情，可是生活中的大多數人都竭盡全力地追逐自己的目標，而忽視了生命中無數的樂趣。

生活也是一門藝術，生活要過得簡單而不乏味，有情趣而不孤單，只有這樣，你才能夠領悟人生的真諦，感受生活的美好。簡單的生活瑣事，可能會給你帶來不同的結果，就看你是不是掌握了生活的藝術。

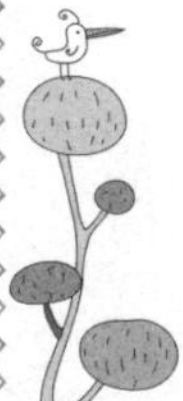

要有趕鴨上架的智慧

有一家大公司高薪招聘一名營銷人員，眾多應徵者慕名而來。負責招聘的人員給眾多應聘者出了一道試題：想辦法將木梳賣給和尚。

和尚不留頭髮，要木梳何用？豈非拿人開玩笑？

多數應聘者感到困惑甚至憤怒，接連散去，最後只剩下三人：小伊、小石和小錢。負責人給了他們十天時間，到時來公司報告銷售成果。

十天之後，小伊賣出了一把。是他被老和尚趕出廟後，在下山途中見一和尚正在搔又髒又厚的頭皮，小伊便遞給他一把木梳，小和尚用後覺得很好，就買下了一把。

小石賣出了十把：當他上山時，他發現進香者的頭髮都被山風吹亂了，於是就對主持說：「蓬頭垢面是對佛的不敬，應在香案前放把木梳，供善男信女梳理頭髮。」主持採納了他的建議，買下了一把。他共拜訪了十座廟，所以賣了十把。

小錢賣出了一千把。原來他到了一座香火盛的寺廟，並對住持說：「對誠心拜佛者，寶剎應有所回贈，鼓勵其多做善事，而我有一批木梳，可刻上『積善梳』三字，作為贈品。」住持大喜，立即買下了一千把。

結果，當然是小錢被聘用了。

☺ **心靈絮語**

機遇是獲取發展的重要條件，可是機遇並不是平等地光臨每個人的家門；為此，聰明的人善於主動創造機會，而愚蠢懶散的人坐在家中等機會，不知你願意做哪一種。

靠贈品賺錢的商人

許多廠商，為了促銷其產品，往往都會附贈一些禮品給顧客。在這些贈品中，有些十分可愛而實用。

東京有位名叫氏家謙一的商人從中看出了商機，於是他就專門找出贈品中可愛而誘人的那種，直接向廠商訂貨。對於廠商來說，該種商品有自己廠的標誌，賣得越多越能替自己做宣傳，所以對這種附贈品的賣價往往便宜得令人不敢相信。

於是，氏家謙一就在東京開了一家「買賣剩餘品門市部」，以比廠商賣價便宜的價格買下別人不用的商品，再以比市價便宜的價錢賣給消費者。

由於他店裡的商品品目繁多，達到一千多種，價錢又比市價便宜很多，所以吸引了很多人前來，生意十分興隆，氏家謙一因此而發了大財。

☺ **心靈絮語**

成功的標準多種多樣，不要以為非得做什麼驚天動地的大事業才算成功，小事業同樣能贏得他人的尊重，就像氏家謙一那樣，關鍵就是抓住時機踏踏實實地做。

沉默勝於雄辯

一天，一個窮人騎馬到外地，到了中午，他把馬拴在一棵樹上，坐到一邊去吃飯，這時，一個富人也騎馬來到這裡，把馬也拴在那棵樹上。

窮人見了，連忙說：「請不要把馬拴在那裡，我的馬還沒馴服好呢，牠會踢中你的馬！」

富人說：「我想拴在哪裡，就拴在哪裡，用不著你一個鄉巴佬來教訓我！」拴好馬後，他也坐下來吃飯。

過了一會兒，兩匹馬踢咬起來，不待牠們的主人跑上前，野性未馴的窮人的馬就把對方的馬踢死了。富人大怒，扯住窮人到法官那裡，要窮人賠他的馬。

法官問窮人：「你的馬是怎樣踢死他的馬？」窮人閉口不言。

法官又問：「你的馬真的踢死了他的馬嗎？」窮人還是一言不發。

法官一連串提出了許多問題，窮人就是不開口說話，法官對富人說：「他是個啞巴，不會說話，怎麼辦呢？」

富人急了：「他不是啞巴！剛才見到他時，他還說話了呢！」

「他說什麼了？」法官問。

「他說：『請不要把馬拴在那裡，我的馬還沒馴好呢，牠會踢死你的馬！』」富人回答說。

法官皺起眉頭，說：「因此，他不應該賠償你的馬。」

☺ **心靈絮語**

有時沉默往往是回擊敵人的最好辦法，喋喋不休的爭吵有時對問題的解決沒有任何幫助，相反在此過程中自己的弱點還有可能暴露給別人，請相信沉默是金。

受用無窮的經驗

約翰是個非常有名的管理顧問。一走進他的辦公室，馬上就會覺得自己「高高在上」似的。辦公室內各種豪華的擺飾、講究的地毯、忙進忙出的人潮以及知名的顧客名單都在告訴你，他的公司的確成就非凡。但是，在這家鼎鼎有名的公司背後，藏著無數的辛酸血淚。

他創業之初的頭六個月就把十年的積蓄用得一乾二淨，一連幾個月都以辦公室為家，因為他付不起房租。他也婉拒過無數的好工作，因為他堅持實現自己的理想。他也被顧客拒絕過上百次，拒絕他的和歡迎他的客戶幾乎一樣多。

就在整整七年的艱苦掙扎中，約翰沒有說過一句怨言，他經常說：「我還在學習啊。這是一種無形的，捉摸不定的生意，競爭很激烈，實在不好做。但不管怎樣，我還是要繼續學下去。」

約翰真的做到了，而且做得轟轟烈烈。

有一次，朋友問他：「事業把你折磨得疲憊不堪了吧？」

他卻說：「沒有啊！我並不覺得那很辛苦，反而覺得是受用無窮的經驗。看看《美國名人榜》的生平就知道，這些功業彪炳千秋的名人，都受過一連串的無情打擊。只是因為他們都堅持到底，才終於獲得輝煌成果。」

☺ **心靈絮語**

天下哪有不勞而獲的事？只有利用種種挫折與失敗，來驅使你更上一層樓，才能夠實現你的理想。千萬不要把失敗的責任推給你的命運，要仔細研究失敗的實例。如果你失敗了，那麼繼續學習吧。可能是你的修養或火候還不夠的緣故。詛咒命運的人永遠得不到他想要的任何東西，你需要的是不斷學習，直到跨越障礙！

因「禍」得「福」的智慧

一九九八年四月二十七日，一架美國波音三七三客機自檀香山機場起飛後不久，突然，「轟隆」一聲巨響，飛機前艙頂蓋被掀開一個直徑達六米的大洞，一位站在附近的空姐當即被掀出機外身亡。

駕駛員採取緊急措施，把飛機安全降落在鄰近的機場上。所幸除了那名不幸的空姐外，其他人員無一傷亡。

事故發生後，政府立刻派出有關人員趕赴現場，調查事故起因。其它飛機公司也全都一湧而上攻擊波音公司產品質差。整個形勢對波音公司十分不利。

但波音公司處變不驚，立即派出高級技術人員參與調查，了解到事故的產生是由於飛機超期服役、金屬疲勞而造成的。為此波音公司利用媒體向公眾解釋說儘管波音飛機已經十分老舊，但除了那名空姐之外仍然保證乘客無一傷亡，這更加證明波音飛機的質量是十分可靠的。

因為波音公司處變不驚，查清了事故原因，並大加宣傳，不但沒使公司形象受損，反而公司因「禍」得「福」，訂貨數量比事故前還有所增加。

☺ **心靈絮語**

生活中的每一天對於想成功的人來說都既是機遇、又是挑戰；即使面臨災難的打擊時也不要放棄鬥志，找出合理的解決辦法，就可能變災難為福音，請相信你自己的能力。

微笑著生活

有一個小女孩，因為面容長得醜陋，她內心非常自卑，別人很少能夠從她臉上見到笑容。幸福女神決定幫助這個小女孩，使她快樂起來。於是，幸福女神就帶她去參觀兩座玫瑰莊園。

當她們走進第一座玫瑰莊園時，裡面陽光明媚，隨處可以聽到朗朗的笑聲。在裡面遇到的每一個人，都會熱情地跟她們打招呼，並且送給她們一個真誠的微笑。之後，幸福女神就問小女孩道：「妳喜歡這裡嗎？」

小女孩點了點頭說：「喜歡呀！這裡的人很熱情很親切，就像自己的家人一樣。」

隨後，幸福女神又帶小女孩走進第二座玫瑰莊園。那裡面死氣沉沉的，天空陰鬱，地上長滿了蒿草，玫瑰花也開得無精打采，有好多都已凋零了。她們見到的每一個人，都面帶憂鬱和冷漠的神情，更沒有一個人主動跟她們打招呼。

從第二座玫瑰莊園裡出來之後，幸福女神又問小女孩道：「現在比一比，妳願意生活在哪一座玫瑰莊園裡呢？」

小女孩毫不猶豫地回答說：「當然是在第一座玫瑰莊園裡了。」

此時，幸福女神繼續問她：「為什麼第一座莊園裡的玫瑰花開得那麼美麗，人們生活得那麼快樂呢？」

小女孩想了一會兒，說：「因為他們每個人臉上都掛著笑容。」

幸福女神拍了拍小女孩的頭說：「是啊！當妳笑的時候，也就擁有了一座健康的玫瑰莊園。同時，妳也就把自己的幸福分享給了身邊每一個人，他們也會被妳引入第一座玫瑰莊園。」

小女孩終於明白了幸福女神的用意。從此以後，她學會了笑對生活。

☺心靈絮語

笑對生活，是一種坦然、豁達和真誠的生活姿態。

夢境不是現實

很久很久以前，有一座焦湖廟，廟裡有一個玉枕頭，枕頭上有一個小孔。據說，枕這個枕頭睡覺，可以在夢裡經歷許多美好的事情。

那個時候單父縣有個名叫楊林的人，以經商為生，生意不怎麼好，他一天到晚都愁眉苦臉的，希望能時來運轉突然在哪天就發大財，當個大富翁。

這天，楊林帶著貨物來販賣，走得滿頭大汗，肩上挑的擔子好像有千斤重，壓得他苦不堪言。正想找個地方休息一下時，剛好經過焦湖廟，就打算進去歇歇腳。

楊林跪在菩薩跟前祈禱，口裡念念有詞：「老天爺保佑我時來運轉，發家致富，一輩子過著幸福快樂的日子！」

廟裡的巫人見了楊林的情況，就對他說：「我讓你體會一下你想要的生活，你願意嗎？」楊林高興極了，高興地說：「真的？好哇好哇，我願意！」

於是，巫人就取出那個神奇的玉枕給楊林，說道：「你先去睡一會兒吧。」

楊林枕著玉枕躺下，不一會兒就進入了夢鄉。

他夢見自己來到了一個大戶人家，那裡亭臺樓閣、湖水假山，鳥語花香，屋裡更是雍容豪華，一派富貴氣象。官高位顯的趙太尉熱情地將他迎到客廳裡，和他談笑風生，接著，趙太尉又相中了他做女婿，把女兒許配給他。於是，他也做了大官，家財萬貫。妻子如花似玉，溫柔賢慧，給他生下了六個兒子。這六個兒子個個都很有本事。楊林有了享受不盡的榮華富貴，無憂無慮地生活著，身邊又有妻兒相伴，過得快樂極了。一轉眼幾十年過去了，他還是一點都不想回家。

忽然，楊林一覺醒來，發現自己還在廟裡，躺在玉枕上。夢中那美好的一切都無影無蹤，只有身邊沒賣完的貨物還在原地，心下不禁十分惆悵。

☺ **心靈絮語**

在生活中，要把理想和空想區別開來。從哲學角度來說，理想是人生的奮鬥目標，是合乎規律的、有根據的設想。而空想是人們對未來的一種想像，雖然反映了人們一定的追求，但它是缺乏客觀根據的，是脫離實際的一種主觀臆想，是主觀臆造的產物，缺乏現實基礎，而且又違背事物發展的客觀規律，因而它也是永遠無法實現的。

借機宣傳自己

一天，在美國邁克斯亞州的法庭上，一位衣著華麗的婦女氣呼呼地鬧著要跟丈夫離婚，理由是：丈夫有了外遇。

原來這位婦女的丈夫是球迷，無論白天黑夜，總是到運動場上跟「第三者」足球見面，這嚴重地影響了夫妻感情。

啼笑皆非的法官提醒這位婦女：「足球不是人，除非妳控告生產足球的廠家，否則，法庭是不會受理這起案子的。」

而這位婦女竟真的向美國年產二十萬顆足球的宇宙足球廠提出控告。

更令人驚異的是：宇宙足球廠願意賠償這位婦女的「孤獨費」十萬美元！

宇宙足球廠的解釋是：

這位太太的控詞為宇宙足球廠作了一次絕妙的廣告，這說明我廠生產的足球實在太有魅力了。

宇宙足球廠的這項「出奇」之舉，使「宇宙足球」成為人們津津樂道的佳話，該廠的產品因此而銷量倍增，令同行們望塵莫及。

☺ **心靈絮語**

有時看似吃虧的事往往能帶給自己更大收穫。而聰明的人更能主動找虧吃，將它變成自己進一步發展的契機。吃虧是福的道理就這樣被詮釋得清清楚楚了。

尋找一種模式

邁克爾・戴爾十六歲那年夏天，找了一份工作，是負責擴展《休斯頓郵報》的訂戶，報社交給他一份由電話公司提供的用戶名單，叫他打電話向顧客推銷。

戴爾在拉顧客時，很快從他們的談話和反應裡注意到一種模式。有兩種人幾乎一定會願意訂閱郵報：一種是剛結婚的人，一種是剛搬進新居的人。

戴爾開始思考：「怎樣才能找到所有剛遷入新居或是剛結婚的人呢？」

經過明察暗訪，戴爾得知新人在申請結婚證書時，必須提供給法院一個地址以方便法院將結婚證書寄給他們，而且在德克薩斯州這項資料是公開地寄給他們。

於是戴爾想辦法從法院弄到了新婚的或即將新婚的人的地址，他同時還發現有些房地產公司會整理出貸款申請者的名單，他弄到名單，將這些人定位為高潛力顧客群。然後，發一封信給這些人，給他們提供訂閱報紙的資料。

結果他找到數千名訂戶。那年他賺的錢比他的老師還多。

☺ **心靈絮語**

做事情是有技巧的，找到它可以讓你更順利地達到目的，同時，你也會比別人更快地達到成功。

人生若知足，凡事都幸福！

Chapter 2

心情決定事情

進路與退路

你說想去征服高山，但是當我問你登山者應該帶些什麼東西時，你卻答不出來。現在我告訴你吧！如果是攀登路徑不熟的高山，即使原定一日往返，除必備的指南針，你的行囊中也應該包括一把小刀、一條繩索、一盒用塑膠袋包好的火柴、一點鹽巴、一塊折起來不大的透明塑膠布或雨衣和一個哨子。

這些東西大多數都不是為你的進路而準備的，而是預為你的退路。但是不論是登山的旅途，或在你人生的旅途上，「有退路」都是尋取進路的必要條件。

於是那把小刀，在前進時可以幫助你用來切割獵物、削竹為箭、砍木為叉；在你被蛇咬傷時，更可以用來將傷口切成十字，以吸出毒血。

那條繩索，在前進時可以幫助你攀爬；在你遇險時，可以用為營救；在編織擔架時，用為捆綁。那盒火柴，在你前進時，可以用為烹食；在你遇難時，則可能讓你點起柴火，熬過高山上寒冷的夜晚。

那塊透明的塑膠布或雨衣，在你前進時，可以用來防雨；當你困阻在深山時，更可以使你減少地面或環境中潮冷的侵襲，甚至在缺水時，用來收集地面蒸發的水氣，使你免於乾渴。

那塊鹽巴，在你前進時，可以用為烹調鮮美的食物；在你困厄時，則能用來消毒、補充體力，甚至幫助你吞下平時絕對難以接受的野生食物。

至於那個哨子，在你前進時，固然可以用為招呼隊友，作為集合的訊號；在你落難而饑寒交迫，喊不出聲音時，更可能因為有這個哨子，隔幾分鐘吹一下，而使搜救的人員找到你。如此說來，哪一樣東西可以少呢，它們占的空間不大，卻是你行前絕不能疏忽，而落難時可能保命的。

我過去曾多次對你說：旅遊時，如果是舊地重遊，不妨在既有的大道之外，再去尋訪一些小路，發掘新的風景。相反地，如果是到陌生的地方，則應該記住來時的道路，以便遇到困阻時能夠脫身。對已知的環境，做進一步想；對未知的環境，做退一步想。

☺ **心靈絮語**

人生的旅途上，前進固然可喜，後退也未嘗可悲，重要的是：前進時要知道自制，免得只能進而不能退；後退時則要知道自保，使得退卻重整之後，能夠再前行！

群衆的力量無窮

保羅在年青時就成立了一個小型石油公司，他堅持認為；夥計和老板之間的緊密團結精神與相互信任是至關重要的。為此他把大部分時間都用在了工作上，並穿著滿身油污的工作服與工人們吃在一起、工作在一起，深得僱員們的信賴。因此公司中所有人上下同心，齊心協力，工作效率非常高，甚至一些大型石油公司的職工也放棄了優厚的條件到他的公司工作。

有一次，保羅在加利福尼亞西爾灘油田買得一小塊土地。但進入這一小塊地要經過一條狹窄的通道，載運裝備的卡車根本運不進去，同行們都勸他放棄這塊地算了。

但保羅沒有放棄，他和工人們商量怎樣才能將設備運進去，工人們集思廣益，群策群力，幫他想出了運用小型鑽井設備和鋪設窄軌鐵路的辦法，不但很快打出了井，而且很快產出了油。

保羅的事業就這樣迅速地發展起來了，如今，他的石油公司及其他礦產勘探公司活躍在全球四大洲上，其總資產達數十億美元。

心靈絮語

一個人的品格不應由他的特殊行為來衡量，而應由他的日常行為來衡量。保羅的高尚之處也在此處明顯地體現了出來，而由此形成的人格魅力也幫助他的事業逐步走向了成功。所以任何人都要從中學會評價人和做人的標準。

快樂

一個城市女孩，穿了一條白底碎花的新裙子，高興得跑去向朋友展示。不小心，新裙子染了一滴墨水——儘管它很小很小，但裙子是女孩的心愛之物，那滴墨水使她心情大受影響。因為那女孩老是想著裙子上那滴該死的墨水，便鬱鬱寡歡。漸漸地，那滴墨水抵消了她對裙子的愛。

之後，它就被女孩棄之一旁了。

學校放暑假，那女孩跟著父親的工作組來到鄉村幫祝弱勢家庭，還把她那條因染墨而不穿了的裙子也帶了去。

後來，那女孩把那條白底碎花的裙子送給了一個鄉村女孩，這個鄉村女孩見是條裙子，高興得手舞足蹈，她可是頭一回穿裙子呢！儘管穿起來有些不太合身，但在那鄉村女孩眼裡，世上再也沒有比這條裙子更美的服飾了——她快樂得連裙子的式樣和大小都不計較，難道她還會去注意那滴墨水嗎？那鄉村女孩快樂極了。

☺ **心靈絮語**

快樂的形式如此簡單，同樣是一條裙子，在那個城市女孩眼裡，她看到的是裙子上的那滴不起眼的墨水；在那鄉村女孩眼裡，她卻看到了喜之不盡的美。

一個人快樂與否，完全取決於他看待事物的角度和衡量事物的標準，看他自己的目光所採擷的是美還是醜。

走出困苦的陰影

哈莉四十六歲時她的丈夫去世了，這給了她十分沉重的打擊。丈夫曾是她生活的重心，是她最關愛的對象，但這一切都過去了。幸好她有個嗜好，喜愛畫畫。丈夫死後，畫畫就成了她精神的寄託。

在忙碌作畫中，她的悲哀逐漸平息下去。

有一段時間，她很難和別人往來，因為長久以來，她一直依賴丈夫而缺乏獨立的與人往來。因此在那段絕望孤寂的日子裡，她經常想怎麼能使別人接納她、需要她。後來她明白了自己必須為別人做點什麼，才能讓別人都願意與自己來往。

於是，在畫畫的空閒，她也到親朋好友家串門，並注意不向別人抱怨自己的不幸，而儘量製造歡樂的氣氛。

不久，她開始成為大家歡迎的對象，不時有朋友邀請她吃晚餐，或參加各式各樣的聚會，她有時也在社區的會所裡舉辦畫展。

後來，她又經常參加一些旅遊活動，遇到人總是親切和氣，讓人如沐春風。所以她所到之處，人人都樂意與她接近。

☺ 心靈絮語

孤獨是現代社會某些人的流行病，不管造成它的原因是什麼，我們若想克服孤寂，就必須遠離自憐的陰影，勇敢地走入光明的人群裡。

走出你的小天地，結交新的朋友，與別人分享快樂，你就會發現孤寂已遠離了你。

友愛互助力無窮

有一所修道院，曾經輝煌一時，吟唱頌經之聲不絕於耳。但經過漫長的歲月，過去的光景不再，信徒們都不再來參拜，修道士們也個個灰心喪氣，無精打采，眼看這座修道院就要關門了。

老院長的心情非常沉重。他久聞某座山上有一位哲人，富有智慧。因此他長途跋涉，去請教哲人如何才能振興修道院。

哲人回答：「我也沒什麼好辦法，但你們不用擔心，因為你們修士當中有一個人是耶穌偽裝的。」

回到修道院，老院長把哲人的話告訴了大家，大家彼此相顧，同時在心中猜想，到底哪一個最有可能是耶穌偽扮的呢？

由於耶穌會喬裝成任何人的樣子，因此每個人都可能。

修士們彼此都十分友善，大家互敬互重，不久這個修道院就彌漫著一股祥和之氣。

沒有多久，這所沒落的修道院就吸引了絡繹不絕的慕道者前來參首拜，參加靜修的人也越來越多，修道院再次恢復了往日的興盛。

☺心靈絮語

只要多給他人一點愛，自己得到的也將是溫暖的陽光，而整個世界也將變得令人嚮往。相反的，互相仇恨只能使人們變得越來越冷漠。所以當你抱怨自己有困難而無人幫助時，何不先從自己動手幫助他人開始。

也許下一次

英國十九世紀的某本小說曾描寫過以下的一個場景。在某個威爾斯小鎮，每年一到聖誕夜，鎮上所有的居民便會聚集到教堂禱告。這項傳統已經沿襲近五百年了。午夜到來前，他們會點起蠟燭，唱著聖歌和讚美詩，然後沿著一條鄉間小徑，走到幾里外的一棟破舊小石屋。

他們接著在屋裡擺起馬槽，模仿當年耶穌誕生的情景，然後眾人懷著虔誠的心情，跪下祈禱。他們和諧的歌聲溫暖了十二月凜冽的寒風，只要是能走路的人，都不會錯過這場神聖的典禮。

鎮上的居民都相信只要他們在聖誕夜滿懷信心地祈禱，那麼在午夜來臨的那一刻，耶穌基督會在他們眼前復活。五百年來，他們世世代代到這小石屋裡祈禱，但每一年他們都失望而歸。

書中的主角被問道：「你真的相信耶穌基督會再次在我們鎮上現身嗎？」

他搖了搖頭說：「我不相信。」

「那你何必每年都去小石屋呢？」

「啊，」他笑著回答：「萬一耶穌真的復活，而我沒親眼目睹，那我不是會遺憾終生嗎？」

☺心靈絮語

是什麼讓我們屢遭磨難卻仍然相信人生的美麗？是什麼讓我們在漆黑的深夜裡能愉快地渴望明天的陽光？不休不止地企盼？因為這些都來自我們天性中固有的善良和平靜的等待。

請務必要相信

有位探險家在崇山峻嶺間迷了路，身上攜帶的食物與飲水都已經耗盡，在飢渴不已的情形下，突然間發現一座裝有手動壓桿的水井。

探險家狂喜之餘，衝上前去，用力掀動壓桿，眼睛死盯住出水的龍頭，渴望能暢飲甘美的井水。

他上下掀動壓桿許久，仍然見不到流出水。

而劇烈運動，使得原本因飢渴而疲憊不堪的他，幾乎虛脫地坐在地上。看來，這是一口乾涸的井。探險家絕望地四處打量，在自己的腳邊，他發現有一只盛滿清水的罐子。

探險家幾乎不敢相信自己的眼睛，趕忙拿起水罐，正欲狂飲時，目光看到水罐旁還有一行字跡，寫著：「把這些水從注水口倒進去，再搖動壓桿，就可汲出井水。」探險家兩難地考慮了又考慮：能不能相信這行字呢？面對可能是唯一能讓他活下來的一罐清水，他終於打定主意。

到最後，探險家甚至只需用兩根指頭輕搖壓桿，即可輕鬆地打水。

探險家裝滿自己的水壺，也不忘將原有的水罐加滿井水。同時在原來那行字跡旁加了幾個字：「請務必、務必、務必要相信這些字的引導。」

☺ **心靈絮語**

如果不理會那行字，拿了水罐自己走人，固然可以解脫一時的困境，但卻給後人留下絕望而不是機會。

感謝你

一位商人來到銀行申請貸款，銀行經理問他生意做得如何，他回答說很賺錢。銀行經理想了一會兒，對他說既然賺錢，為什麼又來貸款做廢鋼材的生意呢？你想再大賺一筆，這未免太貪心了。要是我就不會這麼做！如果我的生意不好，也許會孤注一擲，但是生意做得好好的又何必不滿足呢？

這位經理板起了面孔，任商人怎麼懇求，就是兩個字「不借」。商人只好氣呼呼地走掉了。

兩個月後，這位商人去拜謝他。銀行經理奇怪地問：「我沒借錢給你，你反而來感謝我，這倒是頭一遭，你這是什麼意思？」這位商人回答：「廢鋼材跌價了，大約跌了三萬元，正因為你沒有借錢給我，所以我沒有受到任何損失。」

☺ **心靈絮語**

銀行不借款給商人是從商人的利益出發，如果在這樣激烈的商戰中搞冒險和投機的話，很容易就會弄得血本無歸。最後的事實證明了銀行的明智。

反擊的智慧

第二次世界大戰期間，瑞士宣布保持中立，不介入戰事。因此有許多受迫害的猶太人不斷地偷渡到瑞士去避難。

駐守邊境的德軍指揮官看在眼裡，心裡非常不高興，認為收容德國的敵人簡直就是跟德國做對一樣，因此準備找機會給瑞士一點顏色瞧瞧。

有一天，他命令一名德國士兵給瑞士防區的指揮官送了一個包裝十分精美的禮盒，當這位瑞士指揮官小心翼翼地打開那漂亮的禮盒時，裡面傳來一股奇臭難聞的氣味，原來禮盒裡裝的居然是一堆馬糞。

第二天，瑞士的一名士兵也奉命送一個精美的禮盒給德軍的指揮官，德軍指揮官令人打開它，自己則站得遠遠的並不屑地說：「不用想也知道，他們還會送什麼好東西？」

可是當士兵打開禮盒時，裡面裝的竟是一塊最高級的瑞士乳酪，上面附著一張紙條，寫道：「謹遵照貴國的習俗，送上本國最美味的東西。」

☺ **心靈絮語**

道德崇高的做法不僅僅是以德報德，更可貴的是以德報怨，就像瑞士軍人那樣，以溫和方式教訓了德國人，讓他有口難言。

哪有除外

有個鄉下人死了老婆，他從廟裡請了位得道高僧，為他的亡妻誦經超度。

高僧誦了經，取出善緣簿要布施。鄉下人不情願地拿了錢，忽然問道：「我花了這些錢，我老婆可以得到多少好處。」

高僧笑著說「佛法普渡眾生，所有一切眾生都可以得到好處。」

鄉下人一聽急了，向高僧大喊道：「怎麼？我花了錢請你，卻叫別的人沾光，他們怎麼能分享我老婆的功德呢？」

高僧耐心地為他解釋佛法的道理，並且委婉地說：「就像這陽光一樣，太陽不僅是把它的光輝灑向某一個人，而是灑向所有的人。」

鄉下人聽了，無可奈何地說：「既然如此，那也就算了。但是我家隔壁的老趙一定要排除在外，他去年欠了我的錢到現在還沒有還上，實在可惡之極。」

高僧聽了搖搖頭，「既然說了一切的眾生，又哪裡有除外呢？」

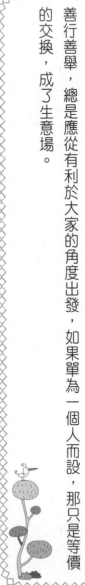

☺ 心靈絮語

善行善舉，總是應從有利於大家的角度出發，如果單為一個人而設，那只是等價的交換，成了生意場。

幸福葫蘆

傳說夏威夷出售一種幸福葫蘆，專供旅遊到此的夫妻購買。當然，葫蘆的製作絕對精良。葫蘆的腰間繫著環環相扣的帶子，表示夫妻恩愛，相伴相隨。最神祕的機關在葫蘆嘴處。葫蘆的頸部被撕開過，但又被工匠巧妙而嚴密地封好了。問題就出在這裡。有的夫妻主張打開葫蘆蓋，以便幸福盛在裡面；有的夫妻則反對，理由是一旦開啟，說不定幸福就會像一陣輕煙似地隨風而去。

孰是孰非？

兩派爭執不下，一同去請教當地一位長髯智者。老人聽後哈哈大笑，說：「裝進幸福和擔心幸福跑掉還不都是珍惜愛，既然如此又何必在乎形式呢？」

☺心靈絮語

潘多拉的盒子裡跑出的是疾病、災難、死亡，幸福葫蘆裡裝的是恩愛纏綿、廝守。你將什麼樣的情感裝在心裡，它就會生根、發芽，結出什麼樣的果子來。想吃到鮮美甘甜的果子，就在心田裏種下真誠的愛心吧。

指點

阿毛和女朋友剛分手，心中異常煩悶，他踢著路邊的小石子，漫無目的地走在大街上。突然，他的小腿被什麼東西敲打了一下，疼痛頓生，他惱怒地轉過身，只見一位約四、五十歲的中年人站在他的身後。此人戴著一副墨鏡，手裡拿了一根竹竿，顯然是一位盲人。盲人彷彿已意識到前面站著人，他微微點了一下頭說：「對不起，請問一下市政路怎麼走？」

阿毛本想痛罵一下這位突然出現的冒犯者，但一看是位盲人，心中忽生邪念，想戲弄一下這位盲人，他假裝熱情地說：「你順著這條路往前走，再過兩個路口就到了。」

盲人謝過阿毛，用竹竿點著地面走了過去，其實阿毛指的這條路正在進行擴建，路面崎嶇不平非常難走，盲人沒走幾步，就一個踉蹌差點摔倒。看著盲人步履蹣跚的樣子，阿毛開心地笑了，心中有一種扭曲了的滿足。

正當阿毛把注意力全放在盲人身上時，背後一輛摩托車急馳而來，就在他轉身的一瞬間，摩托車把他刮了一下，阿毛像一堆東西那樣被帶了出去，在倒地的一剎那間，阿毛伸出手臂想撐住身體，但由於用力過猛，只聽「咔」的一聲，肩膀脫臼了，痛得阿毛大叫，而撞了他的摩托車只是停頓了一下，就揚長而去。

沒走多遠的盲人聽到阿毛的慘叫聲，毫不猶豫地折了回來，他摸索著走近阿毛身邊問他出了什麼事，阿毛用另一隻手撐住地面痛苦地說：「我被摩托車撞了，肩膀可能脫臼了。」

「別亂動！讓我看看！」盲人趕緊俯下身，用手摸了摸阿毛的脫臼處說：「還不太嚴重，我幫你把它復原吧！」

盲人熟練地用膝蓋頂住阿毛的背部，然後小心翼翼地將脫落出來的手臂移到關節處，手掌用力一拍，手臂竟完好如初。阿毛看著眼前的這位盲人為他做的一切，心裡好像刀絞一樣，感到疼得更厲害了，但不是來自肩膀，而是胸口。

他握住盲人的手激動說：「我……我真不知道該怎麼感謝您！」

盲人擦掉額頭的汗水，站起身笑著說：「瞧你說的，你剛才不也熱心地幫我指路嗎？人活在世界上，本就應該互相幫助。」

☺ **心靈絮語**

災禍來自一次對別人的戲弄，幫助卻來自對別人虛假的熱心。

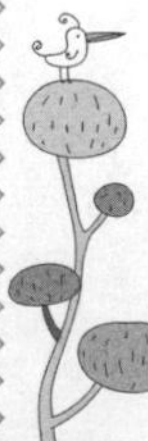

你錯了

美國成人教育專家卡內基是處理人際關係的「老手」，然而早年時，也曾犯過小錯誤。

有一天晚上，卡內基參加一個宴會。宴席中，坐在他右邊的一位先生講了一段幽默的故事，並引用了一句話，意思是「謀事在人，成事在天。」那位健談的先生提到，他所引用的那句話出自聖經。然而，卡內基立即覺察到，他說錯了，他很肯定地知道出處，一點疑問也沒有。

也許是為了弦耀自己知識的淵博，卡內基很認真又很討嫌地糾正了那句話。那位先生一時下不了台，不禁有些惱怒。

當時卡內基的老朋友葛孟坐在他左邊。葛孟在桌下踢了卡內基一腳，然後有力地說：「戴爾，你錯了，這位先生是對的。這句話出自聖經。」

那晚回家的路上，卡內基對葛孟說：「法蘭克，你明明知道那句話出自莎士比亞。」

「是的，當然」，葛孟回答：「在哈姆雷特第五幕第二場。可是親愛的戴爾，我們是宴會上的客人，為什麼要證明他錯了？那樣會使他喜歡你嗎？他並沒有徵求你的意見，為什麼不保留他的臉面，為什麼要說出實話而得罪他呢？」

☺ **心靈絮語**

其實我們想要糾正一個人的錯誤並不是心存惡意。只不過在不講究場合或方法的時候，糾正就成為我們不經意間對別人的傷害。

報答

古時候，邯鄲有個張翁，專以賣布為生。一天晚上，小布店剛關門，張翁忽聽門外有痛苦的呻吟聲，他急忙開門察看。一個遍體鱗傷的老人正掙扎著爬到店門前討水喝。張翁的妻子向來膽小怕事，今天在家門口躺著一個受傷的人，眼看丈夫要把他弄回家，趕緊制止說：「夫君，還是少惹是非的好！」

張翁說：「不行，夫人，我們不能見死不救啊！」他將這人拖入屋內，叫妻子給他熬了稀粥喝。

以後，張翁就收留這人在店中養傷兩個月，待其痊癒，能夠行走時，便給了他一些盤纏，悄悄地將這個老人送出了城外，臨別也未問及此人姓名及何方人氏。

十年後，邯鄲來了一位大客商，攜帶著邯鄲市上十分搶手的五千匹麻布，許多大商人忙迎上前去。

「我只找張翁談生意。」客商對從商說。過了一會兒，張翁來到大客商面前。「謝謝客商的好意，可我的小店滿打滿算也不值多少銀子。你這布起碼得幾萬兩，這樣大的交易，您還是找別家吧。」張翁一見客商就說道。

「張賢士，這些貨你可以賒賬，日後再還。」大客商對張翁客氣地說。眾客商都有點莫名其妙地想：這位大客商是不是犯病了，為什麼放著有現錢的客戶買賣不做，非要賒銷給張翁這個窮老漢呢。他們有的議論紛紛，有的唉聲嘆氣地陸續離去。

「能到我的客棧喝杯酒嗎？」等其他商人散盡了，大客面對張翁說。

「恭敬不如從命。」張翁忙說。酒席擺了上來，大客商執意要張翁夫妻來共飲。當張翁及其妻落座後，只見大客商站起來，然後又雙膝跪下向倆人磕頭。「您這是為何？快請起！」張翁夫婦這一驚非同小可。

「你們真的認不出我啦？」大客商問道。

「您是……？」張翁夫婦辨認了半天後，仍然無法認出。

「我正是你們救過的那個人！」大客商說著又一揖到底。

張翁將五千匹市賣完要還大客商錢時，大客商為報答救命之恩，說什麼也不收。張翁只好作罷。此後，張翁以此做本錢，買賣越做越大，成了邯鄲城裡有名的「布張家」。

☺心靈絮語

對他人的善行需不需要報答呢？當然需要。

價值標準

一次，一個人在他的地裡掘出了一個絕代佳人的大理石雕像，於是他就拿著它到一位喜歡各種藝術珍品的收藏家那裡出售，收藏家用高價買下了這尊雕像，然後他們就分手了。在回家的路上，他拿著錢邊走邊想，自言自語地說道：「這筆錢能使人生活得多麼美好！石雕是死的，埋藏在地下誰也夢想不到已有千年，怎麼會有人出這麼多錢買它呢？」

而收藏家此時卻在欣賞他的雕像，他思索著，也自言自語地說：「多麼美麗，多麼栩栩如生！多麼偉大的傑作——而它剛從千年酣睡中甦醒！竟有人寧願不要這一切，而要既無生命、又無詩意的錢呢？」

☺ **心靈絮語**

生活是豐富多彩的。每個人都會因為自身的特性而對事物作出判斷，因為人的價值標準千差萬別，他們的判斷也就色彩斑爛，難以劃一，琴棋書畫酒詩花是一種生活，柴米油鹽醬醋茶也是一種生活。

扶持

一九六三年，美國原子能研究方面的最高獎——費米獎的得主是年過六旬的著名科學家奧本海默。頒獎儀式上，各界名流雲集，當然也包括接替甘迺迪就任總統職位的約翰遜，他也來參加這一盛典。

當奧本海默在眾人的歡呼聲中走上主席台時，由於年老體弱，他打了一個踉蹌差點摔倒。約翰遜總統見狀，趕忙伸手去扶他。

奧本海默推開他的手，說道：「總統先生，當一個人行將衰老時，你去扶他是沒有用處的，只有那些年輕人才需要你扶持。而這些，才是你作為總統的最重要職責。」

☺ **心靈絮語**

扶老人一把，很重要，扶年輕人一把，更重要，因為他是一個人胸懷、見識等方面的體現。唯有不斷地扶持新生力量，這個社會才能吐故納新。

愛情的原則

一個即將出嫁的女孩問母親一個問題：「媽媽，婚後我該怎樣把握愛情呢？」

母親聽了女兒的問話，溫情地笑了笑，然後從地上捧起一捧沙。

女孩發現那捧沙子在母親的手裡，圓圓滿滿的，沒有一點撒落。

接著母親用力將雙手握緊，沙子立刻從母親的指縫間瀉落下來。待母親再把手張開時，原來那捧沙子已所剩無幾，其團團圓圓的形狀也早已被壓得扁扁的，毫無美感可言。女孩望著母親手中的沙子，領悟地點點頭。那位母親是要告訴她的女兒，愛情無需刻意去把握，越是想抓牢自己的愛情，反而容易失去自我，失去原則，失去彼此之間應該保持的寬容和諒解，愛情也會因此而變成毫無美感的形式。

☺ **心靈絮語**

每個人都希望自己永遠幸福美滿，那麼不妨學著像那位母親那樣來對待愛情，好好珍惜，好好把握，生活的圓滿與否並沒有固定的衡量標準，一切只能靠自己的感悟。

真情

日本社會關係學專家谷子博士講過這樣一個故事：

有一富翁為了測試別人對他是否真誠，就假裝生病住進醫院。結果，那富翁說：「很多人都來看我，但我看出其中許多人都是為了分配我的遺產而來的，特別是我的親人。」

谷子博士問他：「你的朋友來看你了嗎？」

「經常和我有往來的朋友都來了，但我知道他們不過是當作一種例行的應酬罷了。」

「還有幾個平素和我不和睦的人也來了，我想他們肯定是聽到我病重的消息，幸災樂禍來看熱鬧的。」

照他的說法，他測驗的結果就是：根本沒有一個人對他有真正的感情。

谷子博士就告訴他：「為什麼我們苦於測驗別人對自己是否真誠，而從來不測驗一下自己對別人是否真誠呢？」

☺ **心靈絮語**

人心，都是肉做的。你對人家真心真意，人家才會以同樣的態度回報你，你對人不懷好意，別人怎樣對你真心實意呢？

願望

理想必須靠努力才可能達到。

有一天，閻王爺對他身旁的判官說：「你跟我數十年，盡心盡力，著實不易，我想把你轉世人間，你希望做個何等人物？」

判官很高興地回答，我只有個小小的願望，是這樣的：

父做高官子狀元，繞家千頃盡良田，
魚塘花果樣樣有，嬌妻美妾個個賢，
畫梁雕棟龍鳳間，倉庫積聚盡金錢，
天長地久人不老，榮華富貴萬萬年。

閻王爺聽了苦笑道：「人間若有這樣的好人家，我早就去了，何必等你去？」

☺ **心靈絮語**

萬事如意只是人們的美好夢想而已，這一輩子能有一半的事如意就不錯了。

一點人情味

「我從未遇見過一個我不喜歡的人。」威爾．羅吉士說。這位幽默大師能說出這麼一句話，大概是因為不喜歡他的人絕無僅有。羅吉士年輕時有過這樣一件事，可為佐證。

一八九八年冬天，羅吉士繼承了整個牧場。有一天，他養的一頭牛因衝破附近農家的籬笆去吃嫩玉米，被農夫殺死了。按照牧場規矩，農夫應該通知羅吉士，說明原因。農夫沒這樣做。羅吉士知道了這件事非常生氣，便叫一名佣工陪他騎馬去和農夫論理。

他們半路上遇到寒流，人身馬身都掛滿了冰霜，兩人差點凍僵了。抵達木屋的時候，農夫不在家。農夫的妻子熱情地邀請兩位客人進去烤火，等待她丈夫回來。羅吉士烤火時，看見那女人消瘦憔悴，也發覺五個躲在桌椅後面對他窺視的孩子瘦得像猴兒。

農夫回來了，妻子告訴他羅吉士和佣工是冒著狂風嚴寒來的。羅吉士剛要開口說明來意，農夫卻和他們握手，留他們吃晚飯。「兩位只好吃些豆子，」他抱歉地說，

「因為剛剛在宰牛，忽然起了風，沒能宰好。」盛情難卻，兩人便留下了。在吃飯的時候，佣工一直等待羅吉士開口講起殺牛的事，但是羅吉士只跟這家人說說笑笑，孩子們一聽說從明天起幾個星期都有牛肉吃，便高興得眼睛發亮。

飯後，寒風仍在怒號，主人夫婦一定要兩位客人住下。兩人於是又在那裡過夜。

第二天早上，兩人喝了黑咖啡，吃了熱豆子和麵包，肚子飽飽地上路了。

羅吉士對此行來意依舊閉口不提。佣工問他：「我還以為您是為了那頭牛要來懲罰他呢。」

羅吉士半晌不作聲，最後回答：「我本來有這個念頭，但是我後來又盤算了一下，你知道嗎？我實際上並未白白失掉一頭牛。我換到了點兒人情味。世界上的牛何止千萬，人情味卻希罕。」

☺心靈絮語

我們應該與生活保持和諧、協調，盡情地享受生活。在生活中，有一種和諧的節奏。當你毫不費力地與它保持協調，一同運行，你會在行動之中找到快樂和激昂的精神。

美好的約定

一個陽光明媚的下午，男孩和女孩在醫院的走廊上相遇了，在四目相觸的那一剎那，兩顆年輕的心靈都被深深地震撼了，他們都從彼此眼睛中讀出了那份悲涼。從此以後，男孩和女孩相伴度過了一個又一個日出日落，晝夜晨昏，兩人都不再感覺孤獨無助了。

終於有一天，男孩和女孩被告知他們的病情已到了無法醫治的地步。

男孩和女孩都被接回了各自的家。他們的病情一天比一天嚴重起來，但男孩和女孩誰也沒有忘記他們之間曾經有過一個約定，他們唯有透過寫信這種方式來交換著彼此的關心與祝福，那每一字每一句對他們來說是一種莫大的鼓舞。

就這樣，日子過得飛快，轉眼已經過了三個月了。

三個月後的一個下午，女孩手中握著男孩的來信，安詳地合上雙眼，嘴角邊帶著一抹淡淡的微笑。

她的母親在她的身邊抽泣著，她默默地拿過男孩的信，一行行有力的字躍人眼簾：「……當命運捉弄妳的時候，不要害怕，不要徬徨，因為還有我，還有很多關心你，愛妳的人在妳身邊，我們都會幫助妳，愛護妳，妳絕不是孤單一人……」

女孩的母親拿信的手顫抖了，信紙在她的手中一點點潤濕了。

第二天，母親在女孩的抽屜發現了一疊寫好封好的但仍未寄出的信，最上面一封寫的是：「媽媽收」。

女孩的媽媽疑惑地拆開了信，是熟悉的女兒字跡，上面寫道：「媽媽，當妳看到這封信的時候，也許我已經離開您了。但我還有一個心願沒有完成。我和一個男孩曾有一個約定，我答應他要與他共同走過人生的最後旅程，可我知道也許我無法履行我的諾言了。所以，在我走了之後，請你替我將這些信陸續寄給他，讓他以為我還堅強地活著，相信這些信能多給他一些活下去的信心……女兒。」母親的眼眶再一次濕潤了。

女孩的母親按信封上的地址找到了男孩的家。

她看到了桌上鑲嵌在黑色相框中，照片上那生氣勃勃的男孩。

女孩的母親怔住了，當她轉眼向那位開門的婦人望去時，那位母親早已淚流滿臉。她緩緩地拿起桌上的一疊信，硬咽地說：「這是我兒子留下的，他一個月前就已經走了，但他說還有一個與他相同命運的女孩在等著他的信，等著他的鼓舞，所以，這一個月來，是我代發出了那些信……」說到這裡，男孩的母親已經泣不成聲。

這時女孩的母親走過來，緊緊抱住了男孩的母親，喃喃地道：「都是為了一個美好的約定……」

☺ **心靈絮語**

活著的意義更多地體現在愛與希望之中，它將引導你走過人生的風風雨雨。

善意的謊言

一八四八年，美國南部一個安靜的小鎮上，刺耳的槍聲劃破了午後的沉寂。他是剛入警局不久的年輕助手，隨警長匆匆出動。

一位年輕人被發現倒在臥室地板上，身下一攤血跡，右手已無力地鬆開，手槍滾落在地。身邊的遺書筆跡紛亂，而他鍾愛的女子在昨天與另一個男人走進了教堂。

死者的六位親人都呆呆佇立著，他禁不住向他們投去同情的一瞥。要知道，他們的哀傷與絕望，不僅因為一個生命隕落了，還因為對於基督教徒來說，自殺便是在上帝面前犯了罪，他的靈魂從此將在地獄裡飽受烈焰焚燒。而風氣保守的小鎮居民會視他們全家為異教徒，從此不會有好人家的男孩跟他家的女兒約會吧，也不會有良家女子肯接受他家兒子們的戒指與玫瑰。

這時，一直沉默著，鎖緊雙眉的警長突然開了口：「不，這是謀殺。」他彎下腰，在死者身上探摸許久，忽然轉過頭來，用威嚴的語調問：「你們有誰看見他的銀掛錶嗎？」

那塊銀掛錶，鎮上的每個人都認得，是那個女子送給年輕人唯一的信物，每個人都記得他是如何五分鐘便拿出來看一次時間。

所有的人都忙亂地否認。警長嚴肅地站起身：「如果你們都沒看到，那就一定是兇手拿走了，這是典型的謀財害命。」

死者的親人們嚎淘大哭起來，彷彿那根壓斷駱駝背的稻草自他們身上取下了，鄰居們也開始上門表達他們的慰問與吊唁。

警長充滿信心地宣布：「只要找到銀錶就可以找到兇手了。」

站在門外，年輕助手對警長的明察秋毫欽佩到無以復加的程度，他問：「我們該從哪裡開始找起呢？」

警長嘴角多了一抹偷偷摸摸的笑意，伸手慢慢地，從口袋裡掏出了一塊錶。助手忍不住叫出聲來：「難道是……」

警長看著周圍遼闊的草原，微笑點頭：「幸好每個人都知道，在大草原上要尋找一個兇手和尋找一株毒草是一樣困難的。」

「他明明是自殺，你為什麼硬要說是謀殺呢？」

「他的家人不用擔心他靈魂的去向，而他們哭過之後，還可以像任何一個好基督徒一樣清清白白地生活了。」

「可是偷盜、說謊也是違背十誡的呀。」

警長銳利的眼睛盯住他：「年輕人，請相信我，六個人的一生，比摩西十誡的七十倍的七倍還要重。而一句因為仁愛而說的謊，連上帝也會裝著沒有聽見。」

☺心靈絮語

說謊有時是迫不得已的選擇，未必都令人憎惡。如果謊言真的能夠為他人創造幸福或是減去煩惱，那麼也不妨一試。

為你點亮一盞燈

冬天的夜，來得早。電話鈴響了。一個稚嫩的聲音：「是田老師家嗎？」

「我就是。」我急忙應道。

打電話的是我班上最調皮的男孩。「明天一早，侯婕要轉學回老家。大家商量明早六點在學校為她送行。你能來嗎？」

「當然！我一定準時到達！」一瞬間，我好像看到了電話那頭甜美的喜悅。

天哪，那是黎明前最黑的時候！在座落在山腳下猶如荒島的小學校，天一黑，老師們都要結伴而行……我的心亂極了，再想已沒有可能。我細數著鐘錶嘀答，總算熬過了這一夜。

匆匆洗漱完，抓起背包便衝出家門。冰冷的黑夜，呼嘯的寒風，吞併著深沉的夜色撲面而來。奇怪的是，恐懼並沒有想像中那樣包圍著我。我加緊步子，心裡盤踞著只有一個念頭：「願孩子們安全！」我一口氣爬上了陡坡。

幾聲清脆的童聲離我越來越近。一個女孩驚喜地發現了我。幾個同學如歡奔的羔羊朝我跑來，我張開雙臂想要將他們全部擁在懷裡，告訴他們我有多麼擔心。

校園裡一片漆黑，只有傳達室裡透出一點光亮。叫醒了值班的師傅，我來不及過多地解釋，只點點頭表示歉意。當一個個並不明亮的燈泡白點亮時，我們都長長地舒了一口氣。一個男孩告訴我：「打開燈，所有山坡下和山上的同學很容易看到教室的亮光，他們就不會害怕了。」

望著這些天真無邪的面孔，我眼睛濕潤了。我要去接沒來的同學。站在土坡上，寒風撩撥著我的頭髮，冷極了！我心裡一遍遍地呼喊：「孩子們，快讓我看到你！」此時，眼淚已凍結在我的眼裡。

遠處，山坡上傳來一群孩子的說話聲，我激動得快要跳起來。

幾個孩子揮舞著雙臂向學校飛奔而來，大大的書包在他們身後一顛一顛。黑暗中閃爍著點點微弱的白亮，那是孩子們精心趕製了一夜的賀卡。

「老師，已到二十五人，還有三十五個同學沒來。」不知何時，我身後已站著一大群孩子。

「那好，我們一起來等！」幽深的小土坡下疾跑來一個黑影，跳躍的兩條麻花辮在夜裡格外醒目。

「是侯婕！」幾乎是不約而同地歡呼。侯婕飛奔著撲進我懷裡。「老師，我媽媽病了，我必須回老家讀書。剛才我老遠就看見教室裡的燈，我知道您來了。」我緊緊抱著她，什麼也說不出。

天空吞沒了最後一顆星星。晨霧裡，校門口站齊了我的六十個孩子。我們注視著彼此凍紅的鼻尖和臉蛋兒，在噴吐出的每一口霧氣中會意地笑了。那笑容比初升的太陽還要美麗。

是的，雖然在冬季，我卻收穫了。

☺心靈絮語

真心付出，收獲真情，這是最簡單的道理，也是最公平的交易。每一個人的心中，都會對他人有所期待有所要求，可你是否先為他人著想一番呢？

君子報仇

有一個人很不滿意自己的工作，他忿忿地對朋友說：「我的長官一點兒也不把我放在眼裡，改天我要對他拍桌子，然後辭職不幹。」

「你對那家貿易公司完全弄清楚了嗎？對於他們做國際貿易的竅門完全搞通了嗎？」他的朋友反問。

「沒有！」

「君子報仇十年不晚，我建議你好好地把他們的一切貿易技巧，商業文書和公司組織完全搞懂，甚至連怎麼修理影印機的小故障都學會，然後辭職不幹。」他的朋友建議，「你用他們的公司，做免費學習的地方，什麼東西都通之後，再一走了之，不是既出了氣，又有許多收穫嗎？」

那人聽從了朋友的建議，從此便默記偷學，甚至下班之後，還留在辦公室研究寫商業文書的方法。

一年之後，那位朋友偶然遇到他：

「你現在大概多半都學會了，可以準備拍桌子不幹了吧！」

「可是我發現一年來，老闆對我刮目相看，最近更是委以重任，又升官、又加薪，我已經成為公司的紅人！」

☺ **心靈絮語**

「君子報仇，十年不晚」，所有的「江湖俠士」都會這麼說。可是又有什麼樣的怨恨會經得起十年的等待呢？也許十年過後，你會忽然發覺：所謂的仇，又是多麼渺小和不值一提的事情啊！

富翁的屋簷

從前有位善良的富翁，蓋了一棟大房子，他特別要求營造的師傅，把那四周的屋簷，建得加倍地長，使貧苦無家的人，能在下面暫時躲避風雪。

房子建成了，果然有許多窮人聚集簷下，他們甚至擺攤子做起買賣，並生火煮飯。嘈雜的人聲與油煙，使富翁不堪其擾；不悅的家人，也常為在簷下的人爭吵。

冬天，有個老人在簷下凍死了，大家罵富翁不仁。

夏天，一場颶風，別人的房子都沒事，富翁的房子因為屋簷特長，居然被掀了頂。村人們都說這是惡有惡報。

重修屋頂時，富翁要求只建小小的屋簷，因為他明白施人餘蔭總讓受施者有仰人鼻息的自卑感，結果由自卑變成了敵對。

富翁把錢捐給慈善機構，並蓋了一間小房子，所能蔭庇的範圍遠比以前的屋簷小，但是四面有牆，是棟正式的屋子。

許多無家可歸的人，都在其中獲得暫時的庇護。

沒有幾年，富翁成了最受歡迎的人。他死後，人們為繼續受他的恩澤而紀念他。

心靈絮語

善意的出發點，未必有善意的回饋。自卑會使善意成為有企圖的惡念，並會由此生發出仇恨和敵對。

拜訪

鎮郊外的一棵大柳樹下坐著一位老人，他正悠閒地看著馬路上來來往往的行人。有一位陌生人開車來到這個小鎮，看到了老人，向老人詢問：「這位老先生，請問這是什麼城鎮？住在這裡的是哪種類型的居民？我正打算搬來居住呢！」

這位老人抬頭看了一下陌生人，回答說：「你剛離開的那個小鎮上，住的都是哪種人？」

那人回答：「都是一些不三不四的人。我住在那裡沒有什麼快樂可言。所以我打算要搬到這裡居住。」

老人回答說：「先生，恐怕你要失望了，因為我們鎮的人，也跟他們完全相像。」

不久，又有另一位陌生人向老人詢問同樣的問題，老人又問他同樣的問題：「你剛離開的那個小鎮上的人們，是哪一種類型的人呢？」

這位陌生人回答：「喔！住在那裡的都是非常好的人。我的太太和小孩住在那裡度過了一段很好的時光。但我正在尋找一個比我以前居住的地方更有發展的機會的小鎮。我很不願意離開那個小鎮，但是我們不得不尋找更好的發展前途。」

老人說：「你很幸運，年輕人，居住在這裡的人都是跟你們那裡完全一樣的人，你將會喜歡他們，他們也會喜歡你的。」

☺心靈絮語

當你挑剔生活時，先看看自己的眼睛是否矇上了什麼。生活的美與醜，快樂和哀傷，幸與不幸，更多的來自人們看待生活的眼睛，而不是生活本身。

把命運轉換成使命

在古希臘神話中，有一個西緒弗的故事。

西緒弗因為在天庭犯了法，被天神懲罰，降到人世間來受苦。對他的懲罰是：要推一塊石頭上山。每天，西緒弗都費了很大的勁兒把那塊石頭推到山頂，然後回家休息時，石頭又會自動地滾下來，於是，西緒弗又要把那塊石頭往山上推。這樣，西緒弗所面臨的是：在永無止境的失敗命運中，受苦受難。

可是，西緒弗不肯從命。每次，在他推石頭上山時，天神都打擊他，告訴他不可能成功。西緒弗不肯在成功和失敗的圈套中被困住，一心想著推石頭上山是我的責任，只要我把石頭推上山頂，我的責任就盡到了。至於石頭是否會滾下來，那不是我的事。

再進一步，當西緒弗努力地推石頭上山的時候，他心中顯得非常的平靜，因為他安慰著自己明天還有石頭可推，明天還不會失業，明天還有希望。天神因為無法懲罰西緒弗，就放他回了天庭。

☺ **心靈絮語**

想要掌握自己的命運，須先懂得將命運轉換成使命。個人意識到自己的存在，想同了自己的存在，已經是一件不簡單的事情。

主動關愛他人

從前有個國王，非常疼愛他的兒子。這位年輕的王子，沒有一件慾望和要求不能得到滿足。因為他父王的鍾愛與權力，可以使他得到一切他所希望的東西，然而他仍常常眉頭緊鎖，面容慼慼。

有一天，一個大魔術家走進王宮，對國王說，他有方法使王子快樂，能把王子的戚容變成笑容。國王很高興地說：「假使你能辦成這件事，你要求任何賞賜，我都可以答應。」

魔術家將王子領入一間私室中，用了白色的東西，在一張紙上塗了些筆畫。他把那張紙交給王子，讓王子走入一間暗室，然後燃起蠟燭，注視著紙上呈現些什麼。說完，魔術家就走了。

這位年輕的王子遵命而行。在燭光的映照下，他看見那些白色的字跡化作美麗的綠色，而變成這樣的幾個字：「每天為別人做一件善事！」王子遵照了魔術家的勸告，並很快就成了國土中最快樂的一個少年。

☺ **心靈絮語**

愛人者，人恆愛之。對生活充滿感恩，友好地對待他人，多替別人做善事，你的人生必定是幸福的。

積極地選擇正面

傑瑞是個不同尋常的人。他的心情總是很好，而且對事物總是有正面的看法。當有人問他近況如何時，他會答：「我快樂無比。」

他是個飯店經理，卻是個獨特的經理。因為他換過幾個飯店，而有幾個飯店的服務生總跟著他跳槽。他天生就是個鼓舞者。如果哪個僱員心情不好，傑瑞就會告訴他怎麼去看事物的正面。

這樣的生活態度實在讓人好奇，終於有一天有人對傑瑞說，這很難辦到！一個人不可能總是只看到事情的光明面。「你是怎麼做到的？」有人問道。

傑瑞答道：「每天早上我一醒來就對自己說，傑瑞，你今天有兩種選擇，你可以選擇心情愉快，也可以選擇心情不好。因此，我選擇心情愉快。

「每次有不如意的事情發生時，我可以選擇成為一個受害者，也可以選擇從中學些東西，而我選擇從中學習。

「每次有人跑到我面前訴苦或抱怨時，我可以選擇接受他們的抱怨，也可以選擇指出事情的正面。而我選擇後者。」

「你說的對，但是這沒有那麼容易吧！」聽者立刻反駁。「就是有那麼容易。」傑瑞答道，「人生就是選擇。當你把無聊的東西都剔除後，每一種處境就是面臨一個選擇。你可以選擇如何去面對各種處境。你可以選擇別人的態度如何影響你的情緒。你可以選擇讓自己的心情舒暢還是糟糕透頂。總而言之，你可以選擇自己要如何去面對人生？」

幾年後，聽說傑瑞出事了：有一天早上，他忘記關後門，結果被三個持槍的強盜攔住了。強盜對他開了槍。幸運的是，傑瑞很快就被人發現，送進了急診室。經過了十八個小時的搶救和幾個星期的精心照料，傑瑞出院了，只是仍有一小部分的彈片還留在他的體內。

事情發生後六個月，一個朋友見到了傑瑞，問他近況如何，他答道：「我快樂無比。想不想看看我的傷疤？」

朋友趨身去看了他的傷疤，又問他當強盜來時，他想些什麼。

「第一件在我腦海中浮現的事是，我應該關後門。」傑瑞答道，「當我躺在地上時，我對自己說現在有兩個選擇：一是死，一是活。而我選擇了活。」

「你不害怕嗎？你有沒有失去知覺？」朋友問道。

傑瑞說：「醫護人員都很好。他們不斷告訴我，我會好的。但當他們把我推進急診室後，我看到他們臉上的表情，從他們的眼中，我讀到了『他是個死人』。我知道我需要採取一些行動了。」

「你採取了什麼行動？」朋友趕緊問。

「有個身強力壯的護士大聲問我問題，她問我有沒有對什麼東西過敏。我馬上答，有的。這時，所有的醫生、護士都停下來等著我說下去。我深深地吸了一口氣，然後大聲吼道：『子彈！』在一片大笑聲中，我又說道：我選擇活下來，請把我當活人來醫，而不是死人。」

☺心靈絮語

傑瑞活了下來，一方面要感謝醫術高明的醫生，另一方面得感謝他那驚人的生活態度。任何一件事情發生後，都會有兩種「選擇」供你選擇，「快樂無比」的傑瑞總是積極地選擇正面，而我們又有什麼理由去選擇反面呢？

把自己放在好心情中

江南的初春時常會有一段時間總是陰雨綿綿，很冷，濕答答的。這種天氣通常都會讓人覺得沮喪，提不起勁來。

但是，有一天早上，天氣突然變晴了。陽光燦爛，雖然還有一些潮濕的感覺，但空氣很清新，而且很暖和。你簡直無法想像還會有另一個比現在更好的天氣了。

悅淨大師喜歡這樣的天氣，覺得它總是讓人產生各種各樣的遐想，而且會讓人對生命充滿信心，窗外的景色尤其美麗。

站在陽光明媚的街道上，悅淨大師靜靜地看著來來往往的人群，心情平靜，但還有一絲不易察覺的快樂在心底洋溢。

這時，一個五十歲左右的男人從遠處走過來，臂彎裡放著皺皺的雨衣。當這個男人走近的時候，悅淨大師快樂地對他說：「阿彌陀佛！今天天氣很不錯，對嗎？」

然而，這個男人的回答卻出乎了悅淨大師的意料，他幾乎是極為厭惡地對悅淨大師說：「是的，天氣是不錯。但是在這樣的天氣裡，你簡直不知道該穿什麼衣服才合適！」

悅淨大師不知道該如何回答他，只是看著他很快地離開了。

☺ **心靈絮語**

晴朗的天空下就是好好享受陽光的時刻。把自己時刻都處在好心情裡面，不要總是強迫自己去想那些煩悶的事情，你就會擁有快樂的生活。

幸福

一天清晨，在一列老式火車的臥鋪車廂中，有五個男士正擠在洗手間裡刮鬍子。經過了一夜的疲倦，隔日清晨通常會有不少人在這個狹窄的地方做一番漱洗。此時的人們多半神情漠然，彼此間也不交談。

就在此刻，突然有一個面帶微笑的男人走了進來，他愉快地向大家道早安，但是卻沒有人理會他的招呼。

之後，當他準備開始刮鬍子時，竟然自顧地哼起歌來，神情顯得十分愉快。他的這番舉止令某人感到極度不悅。

於是有人冷冷地、帶著諷刺的口吻對這個男人問道：「喂！你好像很得意的樣子？」

「是的，你說得沒錯。」男人如此回答著，「正如你所說的，我是很得意，我真的覺得很愉快。」然後，他又說道：「我只是把使自己覺得幸福這件事，當成一種習慣罷了。」

後來，在洗手間內所有的人都把「我只是把使自己覺得幸福這件事，當成一種習慣罷了」這句深富意義的話，牢牢地記在心中。

☺心靈絮語

不論是幸運或不幸的事，人們心中習慣性的想法往往佔有決定性的影響地位。有一位名人說：「困苦人的日子都是愁苦；心中歡暢者，則常享豐筵。」這段話的意義是告誡世人要多培養愉快之心，並把幸福當成一種習慣，那麼，生活將成為一連串的歡宴。

把悲痛藏在微笑下面

第二次世界大戰期間，一位名叫伊莉莎白的女士在慶祝盟軍在北非獲勝的那一天收到了國際部的一份電報，她最愛的侄兒死在戰場上了。她無法接受這個事實，她決定放棄工作，遠離家鄉，把自己永遠藏在孤獨和眼淚之中。

正當她清理東西，準備辭職的時候，忽然發現了一封早年的信，那是她侄兒在她母親去世時寫的。信上這樣寫道：「我知道妳會撐過去。我永遠不會忘記妳曾教導我的：不論在哪裡，都要勇敢地面對生活。我永遠記著妳的微笑，像男子漢那樣，能夠承受一切的微笑。」

她把這封信讀了一遍又一遍，似乎他就在她身邊，一雙熾熱的眼睛望著她：「妳為什麼不照你教導我的去做？」

康黎打消了辭職的念頭，一再的對自己說：我應該把悲痛藏在微笑下面，繼續生活，因為事情已經是這樣了，我沒有能力改變它，但我有能力繼續生活下去。

☺ **心靈絮語**

如果一直埋藏在痛苦泥潭裡不能自拔，只會與快樂無緣，告別痛苦的手得由你自己來揮動，享受盛開玫瑰的捷徑只有一條：堅決與過去分手。

我少了一雙鞋

「我曾是個多慮的人，」阿伯特說道，「但是，一九三四年的春天，我走過韋布城的西多提街道，有個情景掃除了我所有的憂慮。

「事情的發生只有十幾秒鐘，但就在那一刹那，我對生命意義的瞭解，比在前十年中所學的還要多。這兩年，我在韋布城開了家雜貨店，由於經營不善，不僅花掉了所有的積蓄，還負債累累，估計得花七年的時間才償還的完。

我剛在上星期六停止營業，準備到商業銀行貸款，以便到堪薩斯城找份工作。我像隻被鬥敗的公雞，失去了信心和鬥志。

突然間，有個人從街的另一頭過來。那人沒有雙腿，坐在一塊安裝著溜冰鞋滑輪的小木板上，兩手各用木棍支撐前行。他橫過街道，微微提起小木板準備登上路邊人行道。

就在那幾秒鐘，我們的視線相遇，只見他坦然一笑，很有精神地向我招呼：『早安，先生，今天天氣真好啊！』我望著他，體會到自己是何等的富有。我有雙足，可以行走，為什麼卻如此自憐？這位失去雙腿的人仍能如此快樂自信，我這個四肢健全的人還有什麼不能的？」

我挺了挺胸膛，本來預備到商業銀行只借一百元，現在卻很有信心地說：我要到堪薩斯城去找一份工作。結果，我借到了錢，也找到了工作。現在，我把這段話寫在洗手間的鏡面上，每天早上刮鬍子的時候都念一遍：

「我悶悶不樂，只因為我少了一雙鞋，直到我在街上，見到有人失去兩條腿。」

☺ **心靈絮語**

在我們的生活當中，約有九十％的事情是好的，十％的事情是不好的。如果你想過得快樂，就應該把精神放在這九十％的好事上面；如果你想擔憂、操勞，或得胃潰瘍，那就把精力放在那十％的壞事情上面吧！

快樂的根源

有一個富商，事業做得很大很成功，但他每日操心、算計，很是煩惱。緊挨他家住著一戶窮苦人家，夫妻倆以做豆腐為生，雖說是清貧辛苦，卻是有說有笑。

富商的太太見此情景心生嫉妒，說：「唉！別看咱家裡嵌銀鑲玉，可是我覺得還不如隔壁賣豆腐的窮夫妻，雖然他們很窮，但快樂值千金呀！」

富商聽太太這樣講，便說：「那有什麼，我叫他們明天就笑不出來。」言罷，他一抬手將一只金元寶從牆頭扔了過去。

次日清晨，那對窮夫妻發現了地上那塊來歷不明的金元寶，欣喜異常，都說發財了，再也不用磨豆腐了。可是用這些錢來做點什麼呢？他們盤算來盤算去，又擔心被左鄰右舍偷去了錢財。如此這般，夫妻倆茶飯不思，坐臥不寧。自此，再也聽不到他們的笑聲了。

一牆之隔的富商對太太說：「你看，他們不說了，不笑了，不再唱歌也不再工作了——當初我們不也是這樣開始的嗎？」

☺ **心靈絮語**

有些時候，剝奪人生快樂的與其說是刀戎相見，倒不如說是物慾圈套；耗盡我們生命的與其說是窮困的折磨，倒不如說是瑣碎的誘惑。要想人生活的輕鬆快樂，就應該克制自己對錢財的過多欲求，抵擋住誘惑。

心就是快樂的根

據說，終南山出產一種快樂籐。凡是得到此籐的人，一定會喜形於色，笑逐顏開，不知道煩惱為何物。

曾經有一個人，為了得到無盡的快樂，不惜跋山涉水，去找這種籐。他歷盡千辛萬苦，終於來到了終南山。可是，他雖然得到了這種籐，但卻仍然覺得不快樂。

這天晚上，他到山下的一位老人家裡借宿，面對皎潔的月光，不由得長吁短歎。

他問老人：「為什麼我已經得到了快樂籐，卻仍然不快樂呢？」

老人一聽樂了，說：「其實，快樂籐並非終南山才有，而是人人心中都有，只要你心裡充滿歡樂，無論天涯海角，都能夠得到快樂。心就是快樂的根。」

這人恍然大悟。

☺心靈絮語

人生一世，草木一秋，能夠快快樂樂地活一生，是每個人心中的夢想。但是怎樣才能求得快樂呢？那就是要清醒的知道快樂之道的根本在我們自己。

人的心靈是最富足的，也是最貧乏的。不同的人之所以對生活的苦樂有著不同的感受，是因為心靈的富足和貧乏。內心的快樂才是快樂之道。

甜蜜的櫻桃

有個失意的人爬上一棵櫻桃樹，準備從樹上跳下來，結束自己的生命。就在他決定往下跳時，學校放學了。

成群放學的小學生走過來，看到他站在樹上。一個小學生問他：「你在樹上做什麼？」

總不能告訴小孩我要自殺吧！於是他說：「我在看風景。」

「你有沒有看到身旁有許多櫻桃？」小學生問。

他低頭一看，原來他自己一心一意想要自殺，根本沒有注意到樹上已經結滿了大大小小的紅色櫻桃。

「你可不可以幫我們採櫻桃？」小朋友們說，「你只要用力搖晃，櫻桃就會掉下來了。拜託啦！我們爬不了那麼高。」

失意的人有點不耐煩，可是又拗不過小朋友，只好答應幫忙。

他開始在樹上又跳又搖的，很快地，櫻桃紛紛從樹上掉下來。地面上也聚集了越來越多放學經過的小朋友，大家都興奮而又快樂地撿食著櫻桃。

經過一陣嬉鬧之後，櫻桃掉得差不多後，小朋友也漸漸散去了。失意的人坐在樹上，看著小朋友們歡樂的背影，不知道為什麼，自殺的心情和氣氛全都沒有了。他採了些週遭還沒掉到地上的櫻桃，無可奈何地跳下了櫻桃樹，拿著櫻桃慢慢走回家裡。

他回到家，仍然是那個破舊的家，一樣的老婆和小孩。可是孩子們卻非常高興爸爸能帶著櫻桃回來。當他們一起吃過晚餐，他看著大家快樂地吃著櫻桃時，忽然有一種新的體會和感動，他心裡想著，這樣的人生仍是充滿了快樂和幸福的呀！

☺心靈絮語

人生的苦與樂都是由自己感悟的，當你看到明媚的陽光時，快樂的感覺也就隨之而來，因為陰天的時候畢竟是少數的。何苦只看消極而無法控制的那一面呢？

快樂的鑰匙

一個煩惱的少年四處尋找解脫煩惱之法。這一天，他來到一個山腳下。只見一片綠草叢中，一位牧童騎在牛背上，吹著悠揚的橫笛，逍遙自在。

煩惱的少年看到了很奇怪，走上前去詢問：「你能教我解脫煩惱的方法嗎？」牧童說：「解脫煩惱？嘻嘻！你學我吧！騎在牛背上，笛子一吹，什麼煩惱都沒有了。」煩惱的少年試了一下，沒什麼都改變，他還是不快樂。於是他又繼續尋找。走啊走啊，不覺來到一條河邊。岸上垂柳成蔭，一位老翁坐在柳蔭下，手持一根釣竿，正在垂釣。他神情怡然，自得其樂。

煩惱的少年又走上前問老翁：「請問老翁，您能賜我解脫煩惱的方法嗎？」老翁看了一眼面前憂鬱的少年，對他說：「來吧！孩子，跟我一起釣魚，保管你沒有煩惱。」

煩惱的少年試了試，還是不靈。於是，他又繼續尋找。不久，他路遇兩位在路邊石板上下棋的老人，他們怡然自得，煩惱的少年又走上去尋求解脫之法。

「喔！可憐的孩子，你繼續向前走吧！前面有一座方寸山，山上有一個靈台洞，洞內有一位老人，他會教你解脫之法的。」老人一邊說，一邊下著棋。

煩惱的少年謝過下棋老者，繼續向前走。到了方寸山靈台洞，果然見一位長鬚老者獨坐其中。煩惱的少年長揖一禮，向老人說明來意。

老人微笑著摸摸長鬚，問道：「這麼說你是來尋求解脫的？」

「對對對！懇請前輩不吝賜教，指點迷津。」煩惱的少年說。

老人答道：「請回答我的提問。」

「有誰捆住你了嗎？」老人問。

「……沒有。」煩惱的少年先是愕然，爾後回答。

「既然沒有人捆住你，又談何解脫呢？」老人說完，摸著長鬚，大笑而去。

煩惱的少年愣了一下，想了想，有些明白了：「是啊！又沒有任何人捆住了我，我又何須尋找解脫之法呢？這不是自尋煩惱，自己捆住自己了嗎？」

☺ **心靈絮語**

打開快樂之門的鑰匙就握在我們自己的手中，沒有人能夠左右你的思想，如果你自己找不到生活的樂趣，別人也不可能幫上你什麼忙，因為他無法把自己的意志強加於你。境由心造，要想過得快樂，就只能依賴自己。

快樂是「比」出來的

有一位貧窮的人向禪師哭訴：「禪師，我活得並不如意，房子太小、孩子太多、太太性格暴躁。您說我應該怎麼辦？」

禪師想了想，問他：「你們家有牛嗎？」

「有。」窮人點了點頭。

「那你就把牛趕進屋子裡飼養吧！」

一個星期後，窮人又來找禪師訴說自己的不幸。

禪師問他：「你們家有羊嗎？」

窮人說：「有。」

「那你就把牠放到屋子裡飼養吧！」

過了幾天，窮人又來訴苦。禪師問他：「你們家有雞嗎？」

「有啊！而且有很多隻呢！」窮人驕傲地說。

「那你就把牠們全都帶進屋子裡吧！」

從此以後，窮人的屋子裡便有了七、八個孩子的哭鬧聲、太太的呵斥聲、一頭

牛、兩隻羊、十多隻雞。

三天後，窮人就受不了了。他再度來找禪師，請他幫忙。

「把牛、羊、雞全都趕到外面去吧！」禪師說。

第二天，窮人來看禪師，興奮地說：「太好了，我家變得又寬又大，還很安靜呢！」

☺ **心靈絮語**

好與壞是相對的，沒有絕對的好，也沒有絕對的壞。對待生活，要有適應能力，任何人都無法擁有絕對的快樂。有時放寬心態，換個角度，就會發現即使是困境也有讓人欣慰和滿意的一面。

心中有景

南山下有一廟，廟前有一株古榕樹。

一日清晨，一小和尚來灑掃庭院，見古榕樹下落葉滿地，不禁憂從中來，望樹興歎。憂至極處，便丟下笤帚至師父的堂前，叩門求見。

師父聞聲開門，見徒弟愁容滿面，以為發生了什麼事，急忙詢問：「徒兒，大清早為何事如此憂愁？」

小和尚滿面疑惑地訴說：「師父，你日夜勸導我們勤於修身悟道，但即使我學得再好，人總難免有死亡的一天。到那時候，所謂的我，所謂的道，不都如這秋天的落葉，冬天的枯枝，隨著一抔黃土青塚而湮沒了嗎？」

老和尚聽後，指著古榕樹對小和尚說：「徒兒，不必為此憂慮。其實，秋天的落葉和冬天的枯枝，在秋風刮得最急的時候，在冬雪落得最密的時候，都悄悄地爬回了樹上，孕育成了春天的葉，夏天的花。」

「那我怎麼沒有看見呢？」

「那是因為你心中無景，所以看不到花開。」

☺ 心靈絮語

面對落葉凋零而去憧憬含苞待放，這需要有一顆不朽的年輕的心，一顆樂觀的心。只要心中有景，何處不是花香滿園？

用眼睛發現快樂

一次，景岑禪師出去布道。傍晚時分，他看到一位孕婦背著一只竹簍走過，她的衣服破舊，腳上落滿塵土，竹簍似乎很重，壓得她都直不起腰來。她的左手牽著一個小女孩，右臂抱著一個更小的孩子，匆忙地趕路。景岑禪師以為，這樣沉重的生活一定會讓這位婦人不堪重負，可是她的臉上卻有著像明月一樣溫婉的笑容。她只是一個普通的女人，為了生活辛苦地奔波。但是她自己有所追尋，所以不但沒有覺得勞苦，反而感覺到十分充實而且快樂。能微笑著對待生活的艱辛，可見她有一種良好的心態，她的心境是平和的。看到這些，景岑禪師非常感動，心想：「若世人都能這樣生活，哪還會有什麼煩惱呀？也不需要佛祖來普度眾生了。」

☺心靈絮語

每個人都有自己的生活，都有選擇精彩人生的機會，關鍵在於你有沒有一顆感受快樂的心，這是屬於你的權利，沒有人能夠控制或奪去。如果你能時時用心去感受快樂，你生命中的其他事情就都會變得容易許多。

保持清淨的心

有一位虔誠的佛教信徒，每天都從自家的花園裡，採擷鮮花到寺院供佛。一天，這位信徒送花到佛殿時，碰巧遇到無德禪師從法堂出來。無德禪師非常欣喜地說道：「你每天都這麼虔誠地以鮮花供佛，來世當得莊嚴相貌的福報。」

信徒非常歡喜地回答道：「這是應該的，我每天來寺禮佛時，自覺心靈就像洗滌過似的清涼，但回到家中，心就煩亂了。像我這樣一個家庭主婦，如何在喧囂的城市中保持一顆清淨的心呢？」

無德禪師反問道：「你以鮮花獻佛，相信你對花草總有一些常識，我現在問你，你如何保持花朵的新鮮呢？」

信徒答道：「保持花朵新鮮的方法，莫過於每天換水，並且在換水時把花梗剪去一截。因為花梗的一端在水裡容易腐爛，腐爛之後，水分就不易吸收，就容易凋謝！」

無德禪師道：「保持一顆清淨的心，其道理也是一樣。我們生活的環境就像瓶裡的水，我們就是花，惟有不停淨化我們的身心，並且不斷地檢討，改進陋習、缺點，才能不斷吸收到大自然的食糧。」

信徒聽後，歡喜地作禮，並且感激地說：「謝謝禪師的開示，希望以後有機會親近禪師，過一段寺院中禪者的生活，享受晨鐘暮鼓、菩提梵唄的寧靜。」

無德禪師道：「你的呼吸便是梵唄，脈搏跳動就是鐘鼓，身體便是廟宇，兩耳就是菩提，無處不是寧靜，又何必等機會到寺院中生活呢？」

☺ **心靈絮語**

是啊！熱鬧場中亦可做道場；只要自己丟下妄緣，拋開雜念，哪裡不可寧靜呢？如果妄念不除，即使是住在深山古寺，一樣無法修行。正如六祖慧能所說：不是風動、不是幡動，是人的心在動。心才是無法寧靜的本源。

以平常心泰然處之

有一個人曾經問慧海禪師：「禪師，你可有什麼與眾不同的地方呀？」

慧海禪師答道：「有！」

「那是什麼？」這個人問道。

慧海禪師回答：「我感覺餓的時候就吃飯，感覺疲倦的時候就睡覺。」

「這算什麼與眾不同的地方，每個人都是這樣的呀，有什麼區別呢？」這個人不屑地說。

慧海禪師答道：「當然是不一樣的了！」

「這有什麼不一樣的？」那人問道。

慧海禪師說：「他們吃飯的時候總是想著別的事情，不專心吃飯；他們睡覺的時候也總是做夢，睡不安穩。而我吃飯就是吃飯，什麼也不想；我睡覺的時候從來不做夢，所以睡得安穩。這就是我與眾不同的地方。」

慧海禪師繼續說道：「世人很難做到一心一用，他們總是在利害得失中穿梭，囿於浮華的寵辱，產生了『種種思量』和『千般妄想』。他們在生命的表層停留不前，這成為他們最大的障礙，他們因此而迷失了自己，喪失了『平常心』。要知道，生命的意義並不是這樣，只有將心融入世界，用平常心去感受生命，才能找到生命的真諦。」

《小窗幽記》中有這樣一副對聯：「寵辱不驚，看庭前花開花落；去留無意，望天上雲卷雲舒。」寥寥幾字便足可看出作者的心境：無論何時何地，以平常心泰然處之，任世間起伏變化，我獨守一寸心靈的淨土，幽然獨坐，外物的一切皆不能打擾我的內心。這就是人生入世時的境界，惟有如此方能從入世中的有我之境達到出世時的無我之境。

☺心靈絮語

保持一顆平常心，不為虛榮所誘，不為權勢所惑，不為金錢所動，不為美色所迷，不為一切的浮華沉淪。

金子與石頭

有個守財奴把自己的全部家當換成了一塊金子，把它埋在牆角下的一個洞裡，而且每天都要看一次。

由於他總會去那裡，漸漸地引起了別人的注意，發現了這個祕密，終於有人趁他不備時偷走了金子。守財奴再去時，金子已經不在，於是他放聲大哭。

明醒大師見他如此難過，就安慰他說：「金子埋在那裡不用，和石頭有什麼分別，這樣吧！你再埋一塊石頭在那裡，拿它當金子不就行了嗎？」

☺ **心靈絮語**

金子如果放置不用，自然無法發揮作用，無異於石頭一塊，所以明醒大師所說的確實很有道理。可是守財奴偏偏就想不通。

重要的是心

千利休是日本茶道的鼻祖，同時又是有名的一休禪師的得意弟子，他當時在日本的社會地位非常尊貴。

有一次，宇治這個地方有一個名叫上林竹庵的人邀請千利休參加自己的茶會。千利休答應了，並帶眾弟子前往。

竹庵非常高興，同時也非常緊張。

在千利休和弟子們進入茶室後，他開始親自為大家點茶。但是，由於他太緊張了，點茶的手有些發抖，致使茶盒上的茶勺跌落，茶籠倒下，茶籠中的水溢出，顯得十分不雅。千利休的弟子們都暗暗在心裡竊笑。

可是，茶會一結束，作為主客的千利休就讚歎說：「今天茶會主人的點茶是天下第一。」

弟子們都覺得千利休的話不可思議，便在回去的路上問千利休：「那樣不恰當的點茶，為什麼是天下第一？」

千利休回答說：「那是因為竹庵為了讓我們喝到最好的茶，一心一意去做的緣故。所以，他沒有留意是否會出現那樣的失敗，只管一心做茶，這種心意是最重要的。」

☺心靈絮語

對於茶道來說，重要的是心。不管多麼漂亮的點茶，多麼高貴的茶具，沒有心的真誠，就沒有任何意義。

收藏陽光

從前，田野裡住著田鼠一家。夏天快要過去了，牠們開始收藏乾果、稻穀和其他食物，準備過冬。只有一隻田鼠例外，他的名字叫做弗雷德里克。

「弗雷德里克，你怎麼不工作呀？」其他田鼠問道。

「我有工作呀！」弗雷德里克回答。

「那麼，你收藏什麼呢？」

「我收藏陽光、顏色和詩詞。」

「什麼？」其他田鼠吃了一驚，相互看了看，以為這是一個笑話，笑了起來。

弗雷德里克沒有理會，繼續工作。

冬季來了，天氣變得很冷很冷。

其他田鼠想到了弗雷德里克，跑去問他：「弗雷德里克，你打算怎麼過冬呢，你收藏的東西呢？」

「你們先閉上眼睛。」弗雷德里克說。

田鼠們有點奇怪，但還是閉上了眼睛。

弗雷德里克拿出第一件收藏品，說：「這是我收藏的陽光。」

昏暗的洞穴頓時變得晴朗，田鼠們感到很溫暖。

牠們又問：「還有顏色呢？」

弗雷德里克開始描述紅的花、綠的葉和黃的稻穀，說得那麼生動，田鼠們彷彿真的看到了夏季田野的美麗景象。

牠們又問：「那麼，你的那些詩詞呢？」

弗雷德里克於是講了一個動人的故事，田鼠們聽得入了迷。

最後，牠們變得興高采烈，歡呼雀躍：「弗雷德里克，你真是一個詩人！」

☺心靈絮語

收藏陽光、顏色和詩詞，收藏夏季美麗的景象，好在嚴冬來臨之際溫暖自己的心房，這是多麼簡單的道理，卻又多麼實在！

人生如四季，也有陰晴圓缺，無論何時何地，總難免有不愉快的事情發生。但是只要你選擇了陽光，你的心靈就永遠充滿燦爛和溫暖。

麥田裡的守護者

塞林格是美國當代最負盛名的小說家，他的《麥田裡的守護者》被認為是美國文學的「現代經典」，總銷售量已超過千萬冊。

換上其他一些人，或許會穿上華衣、吃美食、坐豪車、娶嬌妻，極盡張揚。然而，塞林格走的卻是一條完全相反的格調。他退隱到新罕布什爾州鄉間，在河邊小山附近買了九十多英畝土地，在山頂築一座小屋，周圍種上許多樹木，外面圍上六英尺半高的鐵絲網，網上還裝有警報器。

每天八點半帶了飯盒入內寫作，下午五點半才出來，家裡任何人都不准打擾他，如有要事，只能電話聯繫。

他平時深居簡出，偶爾去小鎮購買書刊，有人認出他，他馬上拔腿就跑。他不喜歡過多的社交，有人登門造訪，得先透過信件或紙上留言；如果來訪者是生客，就拒之門外。他更不喜歡自造輿論，成名後，只回答過一個記者的問題，那是一個十六歲的女中學生，為了給校刊寫稿特地去找他的。

塞林格是值得我們尊敬的，因為他在享受唾手可得時，卻不向它投降，自覺地堅守自己的生命目標。

正是這種視創造為生命、鄙視享樂的性格使塞林格的作品保持了永久的藝術魅力，他的作品哪怕是一個短篇，一經發表，馬上就會引起轟動。

☺ **心靈絮語**

面對虛榮與誘惑，不妨用平靜的心態來看待它們，讓浮躁的心歸於清淨，重新拾起自信和勇氣。在生活中應該拋棄那些不相宜的東西。

人生就是這樣，有得也有失。你一旦邁開了步伐，就只能朝一個方向前進，不可能同時朝東南西北幾個方向兼走。所以，你應該在得失之間及時選擇，把一切不相宜的東西統統拋開。

換種心態思考

有個曾得過天花的人，臉上留下許多麻子，不知是這一原因或是別的原因，快四十歲了都還未娶到老婆。

有一天，他在街上行走的時候，前面有一個美麗的少婦回首向他嫣然一笑，他很奇怪：「自己又不認識她，莫非她喜歡我？」不過一念之後，他又嘲笑自己：「就是相貌平平的女人都不願嫁給我了，何況是如此的美婦。」

他也禮貌地對少婦點點頭，繼續走自己的路。過了一會兒，他又發現少婦回頭對他招手微笑。

「莫非她真的對我有意？若是那樣的話，良機不可失。」

於是他緊跟在少婦的後面，激動的心情夾著幻想令他陶醉。不一會兒，他們來到一住所前，少婦對他說：「請你在此等我一會兒，我進去一會兒就出來。」

過了一會兒，她出來了，還帶著兩個小孩。沒想到少婦已是兩個孩子的媽媽，但他仍高興地向小孩問好。接著，少婦對小孩說：「叔叔小時候沒有去接種疫苗，結果得了天花，原本漂亮的臉變成了今天這個樣子，你們是去打針接種疫苗呢，還是想變成這個樣子？」

「我們要去打針接種疫苗！」小孩立即答應了媽媽。

聽了少婦與小孩的對話，他的心涼了一大截。他本以為少婦對自己有意，原來是把自己當作小丑教育孩子。

他心裡有些惱火，不過看到小孩因此而願去打針接種疫苗，也算成就了一件善事，他心裡因此而寬慰了許多。

當少婦請他進屋坐坐時，他自我解嘲地說：「不用了，謝謝妳，天花使者還得去勸導其他小孩呢！」

從此以後，「天花使者」的美名漸漸傳開。

☺**心靈絮語**

面對不如意的事，不要只是抱怨甚至憤怒，撫平自己的心境，換種心態或角度來思考，或許將會有意想不到的收穫。

自己「解套」

坎伯曾經寫道：「我們無法矯治這個苦難的世界，但我們能選擇快樂地活著。」

有一天，湯姆到酒吧喝悶酒，服務生見他一副眉頭深鎖的樣子，便問他：「先生，您到底為了什麼事煩心呢？」

湯姆答道：「上個月，我叔父去世，因為他沒有子女，所以在遺囑中，將他僅有的五千張股票，全部留給了我！」

服務生聽後安慰湯姆道：「你的叔父去世固然讓人覺得遺憾，但是人死不能復生，而且，你能繼承你叔父的股票，應該也算是一件好事啊！」

湯姆答道：「一開始，我也認為是件好事。但問題是，這五千張股票全部是面臨融資催繳、準備斷頭的股票啊！」

☺ **心靈絮語**

假使你能抱著正面的心態來面對問題，就算你真的面臨像故事中的湯姆那樣股票即將斷頭的危機，只要你能妥善應對，終究會有「解套」的一天。

天底下沒有絕對的好事和絕對的壞事，有的只是你如何選擇面對事情的態度。如果凡事皆抱著負面的心態，那麼就算讓你中了一千萬元的彩券，也是壞事一樁。因為你害怕中了彩金之後，有人會覬覦你的錢財，進而對你採取不利的行動。若手指扎進了一根刺，你應該慶幸地說：「幸虧不是扎在眼睛裡！」記住：你有權選擇自己面對逆境的態度！

窮漢的夢

一位衣著華麗的貴婦人住在花園環繞的賓館裡，她的司機每天上午十一點鐘前來接她。

一天，她正準備上車，卻發現到馬路對面的凳上坐著一個衣衫襤褸、形如乞丐的男子，他正仰著頭深情地凝望著賓館。

第二天他還在那裡，第三天，第四天……每天如此，這引起了貴婦人的好奇，這天她讓司機稍等片刻，自己穿過馬路朝這個男子走去。

「我只想知道你為什麼每天這樣凝視著賓館？」

窮漢苦笑著說：「夫人，我沒有錢，我的人生是失敗的，如果警察不攆我走，我就睡在這張凳子上。我夢想著有一天，哪怕只有一次，能在那座漂亮的賓館裡過上一夜。」

貴婦人高興地說：「今天晚上你的夢想就可以實現了，我將開賓館裡最好的房間讓你過夜。」到了第二天早上，貴婦人邀請窮漢共進早餐。

「昨晚你睡得怎樣？」

窮漢面帶失望：「我絕不會再來，昨晚還不如我在凳子上睡得好。」

「天哪！這是怎麼一回事？你是覺得床不夠舒適，不夠溫暖嗎？」

「不是這樣的。你知道嗎？睡在凳子上時我能夢見賓館裡舒適的軟床，可是昨夜睡在賓館裡，我一整夜都夢見自己睡在公園的長凳上。」

☺心靈絮語

人們處在窮困狀況時，都會期待現狀得到改善，對生活充滿了希望。而處於富有、幸福時，很多人卻因害怕失去這一切而成天憂心忡忡。患得患失，這是許多人的通病，人們也因此而忽略了對幸福的享受。

快樂是自己的

那天下班後我乘公車回家。車上的人很多，走道上站滿了人。站在我面前的是一對戀人，他們面對面地相擁著，那個男人正對著我，一個英俊的男人。女孩背對著我，女孩的背影看上去高挑、勻稱、活力四射，她的頭髮染的是最時髦的顏色，她穿著的風格是一個典型的都市女孩，時尚、前衛、性感。

他們靠得很近，低聲說話著。女孩手裏捧著一束鮮紅的玫瑰，看得出，他們是一對甜蜜的戀人。

也許那個男人很幽默，或者根本就不幽默，但對情人來說他的所有廢話都妙趣橫生，總之，女孩不時發出笑聲。笑聲不加節制，好像是在向車上的人挑釁：你看，我比你們快樂得多！

笑聲引得許多人把目光投向他們，大家的目光裏似乎有羨慕，不，我發覺到他們的眼神裏還有一種驚訝，難道女孩美得讓人吃驚？我也有一種衝動想看看女孩的臉，看那張傾國傾城的臉上洋溢著幸福會是一種什麼樣子。

但女孩沒回頭，她的眼裏只有她的情人。

子裏的那首歌很好聽。」

後來，他們大概是聊到了電視劇的主題曲，這時男人的聲音大了點，他說：「片

女孩便輕輕地哼起了那首歌，女孩的嗓音很美，她把那首纏綿的情歌唱得輕快明媚，雖然只是隨便哼哼，卻有一番特別動人的力量。

我想，只有足夠幸福和自信的人，才會在人群裏肆無忌憚地歡歌。

這樣想來，便覺得心裏酸酸的，像我這樣從內到外都極為黯淡的人，何時才會有這樣旁若無人的歡樂歌聲？很巧，我和那對戀人在同一站下車，這讓我有機會看看女孩的臉。

就在我大步趕上他們，並回過頭來的時候，我呆住了，也瞬間理解了片刻之前車上的人那種驚詫的眼神。

很顯然，女孩的臉受到過意外的傷害，可能被火燒或者被開水燙過，我不忍心描繪那種觸目驚心的疤痕。

我幾乎呆在那裏，完全想像不到，這樣的女孩居然會有那麼快樂的心境。會讓站在她背後的我，為她的不加掩飾的快樂和幸福憤憤不平。

他們也注意到了我，或許他們已經習慣了這種驚愕的眼神，他們非常禮貌和寬容地對我抱以坦然一笑，然後相擁著輕快地經過我的面前。

就在那一刻，我的心突然豁然開朗。

☺ **心靈絮語**

上帝是公平的，他不會把所有的好運全安排在一個人身上，世上沒有絕對幸福的人，只有不肯快樂的心，快樂是你自己的事，只要你願意，你就可以快樂。

在生活的鬢角上

羅斯福總統的夫人在本寧頓學院念書時，要在電訊業找一份工作，修幾個學分。他父親為她約好了去見他的一個朋友——當時擔任美國無線電公司董事長的薩爾洛夫將軍。

羅斯福夫人回憶說：「將軍問我想做哪種工作。我說隨便吧！將軍很不高興地對我說，『沒有一類工作叫做隨便』。」

的確，在這個世界上沒有隨便的工作，也沒有隨便的生活，更沒有隨便的人生。人生，是由一個一個的目標構成的，要向大目標邁去，必須從每一個小目標的實現開始。

有一次在鄉下。我們看到一位老大爺正把餵牛的草料鏟到一間小茅屋的屋檐上，不免感到奇怪。

於是我們就問老大爺：「大爺，你為什麼不把餵牛的草料放在槽裏讓牠吃呢？」

老大爺說：「這種草料不好，我要是放在槽裏，牛就會不屑一顧；但如果把牠放在牛勉強能夠吃到的房檐上，牠就會努力去吃，直到把草料吃光。」

心靈絮語

什麼是最好的，什麼是最昂貴的，信手拈來的不是，價值昂貴的也未必是。它就在我們剛好勾到或者完全勾不到的地方。

最後的日子

李老師是初中三年級的語文教師，他同時還擔任著初三甲班的導師。他對這一年級的學生寄予厚望，尤其是他擔任導師的這個班。這是他最後一次帶畢業班。他已經快六十歲了，教了一輩子書，即將要退休了。他希望這一年級的學生給自己的教學生涯畫上一個圓滿的句號。

可是這一段時間以來，他一直感到自己力不從心，總感覺胸腔裏膨脹的厲害。他似乎有一種不祥的預感。

他強忍著越來越厲害的疼痛，繼續堅持上課，到了學生畢業前兩個月，他在一次上晚自習輔導課時，倒在了課堂上。

躺在病床上，他從同事和家裏人悲傷的表情中知道自己一定是得了絕症。他很痛苦，自己從教一生，學生的成績一直都沒有拿過頂尖的名次。這一班的學生是自己從初一帶上來的，基礎很紮實，加上自己這一年的調教，相信他們會給自己爭氣的。可是這個病使他沒有機會看到這一天，醫生告訴他，他只有一個月的時間了。他知道在這個時候更換老師對學生是極為不利的。

「怎麼就不能再給我兩個月的時間呢？假如再有兩個月，我就沒有什麼遺憾了。」他一遍遍地問自己。

突然間，他似有所悟。醫生不是說我有一個月嗎？那麼，我還可以利用這一個月做一些有意義的事情。他列了二十個學生的名字，交給同事，要求每天按順序來一個學生。這二十個學生，他認為都是很有潛質但又有明顯弱點的學生，屬於只要一撒手就變成野馬，一管嚴就浪子回頭的那一類。

對這些學生的特點，只有他最清楚，他必須再逐一進行點撥。不然，一換老師，這些學生可能就毀了。

學生們一個個地來，李老師的時間也一天天地減少。

二十天過去了，二十個學生都來過了，李老師感到從未有過的滿足。他對家人說，我沒有什麼遺憾了。

他突然間又想起了醫生的話，一個月的時間。現在已經過了二十天，還有十天呢，為什麼不利用這十天的時間，把我一生從教經驗和體會寫下來呢？這不是很有用的一件事情嗎？

但這時他已經拿不起筆了。他讓老伴記，他口述。他每天都堅持說三個小時。醫生說，太勞累了，他應該多休息。他說，我休息做什麼呢？一天天等待死亡的來臨？到了第九天的時候，他終於說完了，他把一篇三萬多字的教學心得，交到了校長的手裏。

「我的生命就要到終點了，但我沒有什麼遺憾。」李老師消瘦的臉上溢滿了其他病人都沒有的幸福和滿足，好像他不是面臨死亡，而是要去赴一個美麗的約會。

☺ **心靈絮語**

是的，當我們無力改變一個結局的時候，就換一個角度去面對它。這個時候我們會發現，那個結局的意義已經全然不同了。

聰明心系列

命運安排什麼，我們就享受什麼

人生在世都要喝兩杯水，一杯是甜的，一杯是苦的。
在每個人離開這個世界的時候，都得將這兩杯水喝完。
有些先喝甜的，到後來只剩下苦水，
有的人，則是先把苦水喝完剩下甜水，那也就是苦盡甘來了。

一件事，想通了是天堂，想不通就是地獄。

很多時候，許多人會陷入盲目的追求中無法自拔，
其實，後退並不可怕，
可怕的是，明知前方是死路卻還要固執地走下來。

人為什麼會迷惑？因為真心沒了找不到家

看得破、放得下，在生活中才不會迷茫、不會迷失。
有平常心的人，把事情看得最清楚，最透徹。
因為通透了，所以才看得開。

聰明心 05

人生若知足，凡事都幸福！

編著　葉楓
出版者　大拓文化事業有限公司
執行編輯　林秀如
封面設計　林鈺恆
內文排版　姚恩涵

總經銷　永續圖書有限公司
劃撥帳號　18669219
地址　22103 新北市汐止區大同路三段一九十四號九樓之一
TEL　(〇二)八六四七—三六六三
FAX　(〇二)八六四七—三六六〇
E-mail　yungjiuh@ms45.hinet.net
網址　www.foreverbooks.com.tw

CVS代理　美璟文化有限公司
TEL　(〇二)二七二三—九九六八
FAX　(〇二)二七二三—九六六八

法律顧問　方圓法律事務所　涂成樞律師

出版日◇二〇一八年十二月

國家圖書館出版品預行編目資料

人生若知足,凡事都幸福! / 葉楓編著. -- 初版.
-- 新北市 : 大拓文化, 民107.12
面 ;　公分. -- (聰明心 ; 5)
ISBN 978-986-411-084-1(平裝)
1.人生哲學 2.通俗作品
191.9　　107017752

謝謝您購買 人生若知足，凡事都幸福！ 這本書！

即日起，詳細填寫本卡各欄，對折免貼郵票寄回，我們每月將抽出一百名回函讀者寄出精美禮物，並享有生日當月購書優惠！

想知道更多更即時的消息，歡迎加入"永續圖書粉絲團"

您也可以利用以下傳真或是掃描圖檔寄回本公司信箱，謝謝。

傳真電話：（02）8647-3660　　信箱：yungjiuh@ms45.hinet.net

☺ 姓名：＿＿＿＿＿＿　□男　□女　　□單身　□已婚

☺ 生日：＿＿＿＿＿＿　□非會員　　□已是會員

☺ E-Mail：＿＿＿＿＿＿　電話：（　）＿＿＿＿

☺ 地址：＿＿＿＿＿＿＿＿＿＿＿＿

☺ 學歷：□高中及以下　□專科或大學　□研究所以上　□其他＿＿＿＿

☺ 職業：□學生　□資訊　□製造　□行銷　□服務　□金融

□傳播　□公教　□軍警　□自由　□家管　□其他＿＿＿＿

☺ 您購買此書的原因：□書名　□作者　□內容　□封面　□其他＿＿＿＿

☺ 您購買此書地點：＿＿＿＿＿＿　金額：＿＿＿＿

☺ 建議改進：□內容　□封面　□版面設計　□其他＿＿＿＿

您的建議：＿＿＿＿＿＿＿＿＿＿＿＿